lonely planet

BANGKOK

EN QUELQUES JOURS

Austin Bush

Dans ce guide

L'essentiel

Pour aller droit au but et découvrir la ville en un clin d'œil.

Les basiques
À savoir avant de partir

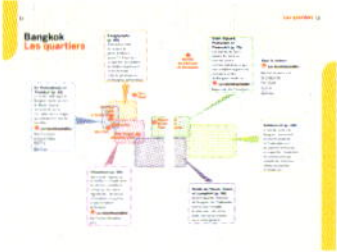

Les quartiers
Se repérer

Explorer Bangkok

Sites et adresses quartier par quartier.

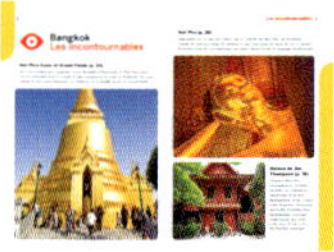

Les incontournables
Pour tirer le meilleur parti de votre visite

100% Bangkok
Vivre comme un habitant

Bangkok selon ses envies

Les meilleures choses à voir, à faire, à tester...

Les plus belles balades
Découvrir la ville à pied

Envie de...
Le meilleur de Bangkok

Carnet pratique

Trucs et astuces pour réussir votre séjour.

Hébergement
Une sélection d'hôtels

Transports et infos pratiques

Notre sélection de lieux et d'adresses

- **Voir**
- **Se restaurer**
- **Prendre un verre**
- **Sortir**
- **Shopping**

Légende des symboles

Numéro de téléphone	Familles bienvenues
Horaires d'ouverture	Animaux acceptés
Parking	Bus
Non-fumeurs	Ferry
Accès Internet	Métro
Wi-Fi	Tram
Végétarien	Train
Menu en anglais	

Retrouvez facilement chaque adresse sur les plans de quartiers

Bangkok En quelques jours

Les guides En quelques jours édités par Lonely Planet sont conçus pour vous amener au cœur d'une ville.
Vous y trouverez tous les sites à ne pas manquer, ainsi que des conseils pour profiter de chacune de vos visites.
Nous avons divisé la ville en quartiers, accompagnés de plans clairs pour un repérage facile. Nos auteurs expérimentés ont déniché les meilleures adresses dans chaque ville : restaurants, boutiques, bars et clubs...
Et pour aller plus loin, découvrez les endroits les plus insolites et authentiques de la capitale thaïlandaise dans les pages "100% Bangkokien".
Ce guide contient également tous les conseils pratiques pour éviter les casse-têtes : itinéraires pour visites courtes, moyens de transport, montant des pourboires, etc.
Grâce à toutes ces infos, soyez sûr de passer un séjour mémorable.

Notre engagement

Les auteurs Lonely Planet visitent en personne, pour chaque édition, les lieux dont ils s'appliquent à faire un compte-rendu précis. Ils ne bénéficient en aucun cas de rétribution ou de réduction de prix en échange de leurs commentaires.

L'essentiel 7

Explorer Bangkok 21

Vaut le détour :

Bangkok selon ses envies 145

Les plus belles balades

Envie de...

Carnet pratique 171

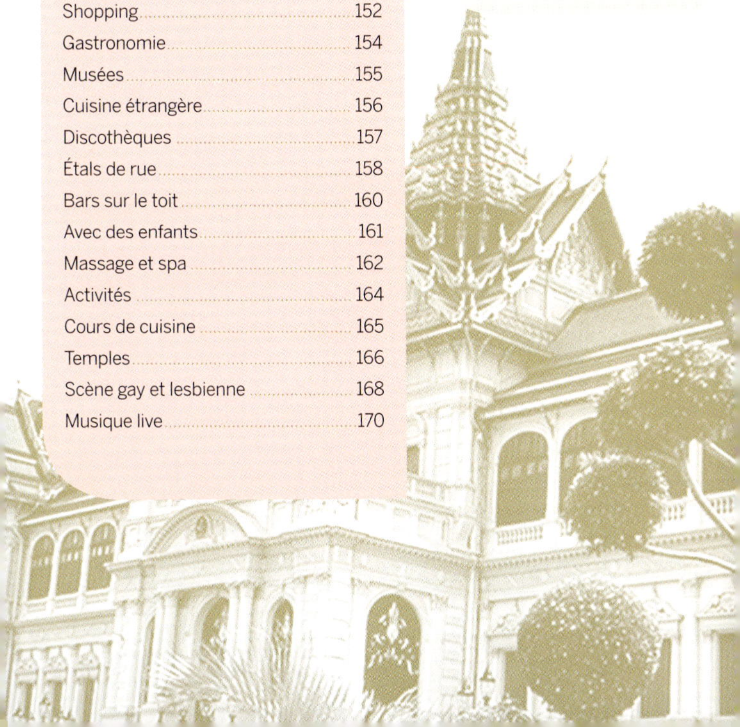

IXUS 860

L'essentiel

Bienvenue à Bangkok

Bangkok recèle mille visages : à deux pas de gigantesques centres commerciaux se cachent des demeures séculaires, des temples jouxtent les néons des lieux de perdition et des bars perchés au sommet de gratte-ciel surplombent des rues bordées de carrioles de petits vendeurs de nourriture. Et si la capitale thaïlandaise est résolument tournée vers la modernité, elle n'en continue pas moins de cultiver ce mélange des genres, garant de son authenticité.

Sanctuaire en bordure de rue, Bangkok
RICHARD I'ANSON / GETTY IMAGES ©

Bangkok
Les incontournables

Wat Phra Kaew et Grand Palais (p. 24)

Avec son architecture opulente et son Bouddha d'Émeraude, le Wat Phra Kaew est très probablement le temple le plus somptueux de toute la Thaïlande. Il a pour voisine la tout aussi fastueuse ex-résidence de la famille royale, le Grand Palais.

Wat Pho (p. 28)

Impossible de ne pas être sidéré par la vedette du Wat Pho, un bouddha couché de tout son long (50 mètres) et qui vous toise du haut de ses 15 mètres. Remettez-vous de vos émotions, sur place, dans l'école de massage traditionnel.

SAMART BOONYANG / GETTY IMAGES ©

PETER STUCKINGS / GETTY IMAGES ©

Maison de Jim Thompson (p. 78)

Disparu dans des circonstances troubles en 1967, cet industriel américain de la soie thaïlandaise nous a laissé cette demeure étonnante, merveille d'architecture thaïlandaise ancienne renfermant une belle collection d'objets d'art du Sud-Est asiatique.

Marché du week-end de Chatuchak (p. 136)

Chatuchak décroche la palme du plus grand et du plus délirant des marchés : soieries, baskets vintage ou poissons combattants. Soyez certain de trouver ici tout ce qui se vend en Thaïlande.

Wat Arun (p. 32)

C'est le cadre, au bord du fleuve, plus encore que les dorures et les bouddhas, qui attirent ici la plupart des visiteurs. Ils n'ont pas tort : le panorama est superbe, d'autant que l'on peut prendre de la hauteur et grimper sur le temple.

Ko Kret (p. 142)

Oubliez la jungle urbaine pour cette île artificielle mais bucolique, au beau milieu du fleuve Chao Phraya. L'escapade idéale le week-end, pour profiter aussi de marchés animés et d'une cuisine savoureuse.

JOHN BORTHWICK / GETTY IMAGES ©

Wat Traimit (Bouddha d'Or)
(p. 62)

Tout l'or de Chinatown (et il y en a) ne pourrait suffire à recréer le plus grand bouddha en or massif du monde. Laissez-vous éblouir par ce temple de la Chinatown de Bangkok.

Parc Dusit (p. 58)

Découvrez dans cet ancien ensemble architectural royal comment le style victorien a fusionné avec la sensibilité thaïlandaise, visitez des musées et la plus grande construction en teck au monde. Enfin, profitez de la verdure du parc Dusit.

Ayutthaya (p. 140)

Très intéressants, les vestiges de l'ancienne capitale du Siam, aujourd'hui inscrits au patrimoine mondial de l'Unesco, font facilement l'objet d'une excursion à la journée depuis Bangkok.

100% bangkokien Vivre comme un habitant

Conseils d'initiés pour découvrir le vrai Bangkok

Envie de sortir des sentiers battus et des circuits touristiques ? Rien de plus facile à Bangkok, une capitale où les sites dédiés au tourisme le plus échevelé sont souvent à deux pas de quartiers authentiques.

La tournée des bars de Banglamphu (p. 42)

- Bars festifs
- Musique live

Si l'aimant à globe-trotteurs fêtards qu'est Th Khao San impose sa marque sur une partie du quartier, il suffit de s'en éloigner pour découvrir bars et restaurants fréquentés surtout par la jeunesse locale.

Promenade gourmande à Chinatown (p. 64)

- Étals de rue
- Explorations urbaines

Beaucoup de tables à Chinatown n'ont pas de carte, ni même de toit, mais un Bangkokien pourra braver la circulation, la chaleur ou la pluie pour aller y manger. La cuisine d'inspiration chinoise est omniprésente, et les amateurs de produits de la mer, de desserts et de fruits ne sont pas oubliés.

Quartier gay de Silom (p. 98)

- Bars gays
- Discothèques gays

Le soir venu, Bangkokiens et touristes homosexuels se pressent dans les ruelles du bas de Th Silom : le choix, très large, va du bar peu recommandable au night-club raffiné.

Victory Monument et ses environs (p. 94)

- Musique live
- Cuisine thaïlandaise régionale

Pour un avant-goût de Thaïlande profonde, rendez-vous dans ce quartier excentré. Au programme bars et musique live, mais aussi régal des papilles dans un bar servant vins et fromages ou sur un stand de rue spécialisé dans la cuisine du Nord-Est, le tout dans une ambiance animée sans prétention.

RCA (Royal City Avenue) (p. 116)

- Discothèques
- Musique live

Le quartier a évolué ces dernières années, attirant désormais une faune de fêtards aussi variée que l'est la programmation musicale, des concerts de pop aux grands noms des platines.

Ci-dessus : croisière sur le Chao Phraya ; **Ci-dessous :** acteur d'opéra

Autres lieux pour vivre le Bangkok des Bangkokiens :

MBK Food Island (p. 86)

Marché aux amulettes (p. 39)

Asia Herb Association (p. 129)

Thanon Bamrung Meuang (p. 57)

Dîner-croisière sur le Chao Phraya (p. 108)

Paragon Cineplex (p. 90)

Festival végétarien (p. 73)

Marché d'artisanat ThaiCraft (p. 133)

Raja's Fashions (p. 134)

Bangkok en 4 jours

1er jour

Levez-vous le plus tôt possible pour prendre le Chao Phraya Express vers Tha Chang et partir à la découverte des temples incontournables de Ko Ratanakosin : le **Wat Phra Kaew et le Grand Palais** (p. 24), le **Wat Pho** (p. 28) et le **Wat Arun** (p. 32). Au déjeuner, goûtez l'authentique cuisine de Bangkok chez **Ming Lee** (p. 37) ou **Pa Aew** (p. 37).

Offrez-vous un peu de fraîcheur grâce à un soin chez **Health Land** (p. 103), ou abandonnez vos jambes aux mains expertes du **Ruen-Nuad Massage Studio** (p. 102) pour un massage thaïlandais traditionnel. Ragaillardi, vous n'avez plus qu'à aller toiser Bangkok en sirotant un cocktail sur le toit du **Moon Bar** (p. 109).

Destination le restaurant **nahm** (p. 105) pour dîner à l'une des meilleures tables thaïlandaises de Bangkok. Si cette journée vous a laissé un peu d'énergie, vous pourrez ensuite danser au **Tapas Room** (p. 110) ou bien rejoindre le **Telephone Pub** (p. 98) ou n'importe lequel des bars du quartier gay animé de Bangkok. Pour une soirée jusqu'au bout de la nuit, rendez-vous au **Smalls** (p. 109).

2e jour

Rejoignez en BTS (Skytrain) la station National Stadium pour commencer la journée par la visite de ce musée couru (et à juste titre) qu'est la **maison de Jim Thompson** (p. 78) et à la suite par l'exposition du moment au **Bangkok Art & Culture Centre** (p. 82).

Déjeunez au **MBK Food Island** (p. 86), un espace restauration où découvrir à prix doux toutes les saveurs de la cuisine thaïlandaise. C'est ensuite à pied ou par le Skytrain que vous sillonnerez le quartier ultramoderne du shopping à Bangkok, en vous arrêtant au **MBK Center** (p. 91), au **Siam Center** (p. 91) et à **Siam Square** (p. 92), des centres commerciaux reliés les uns aux autres. Au passage, une prière à l'**Erawan shrine** ne coûte rien (p. 82).

Après cet après-midi de lèche-vitrines, offrez un répit à votre carte bancaire en dégustant la cuisine thaïlandaise rustique de **Kai Thort Jay Kee** (p. 106). Si c'est vendredi ou samedi soir, vous pourrez ensuite vous laisser dériver jusqu'à RCA (Royal City Avenue) et ses discothèques festives tels le **Route 66** (p. 117) et le **Slim** (p. 117). Si c'est un jour de semaine, songez à assister à un spectacle au **Playhouse Theater Cabaret** (p. 91) ou à un concert au **Titanium** (p. 132).

Votre temps vous est compté ?
Nous avons concocté pour vous des itinéraires détaillés qui vous permettront d'optimiser le peu de temps dont vous disposez.

3e jour

Prenez le bateau-bus sur les *khlong* (ou *klorng*, "canaux") pour Banglamphu, où vous consacrerez la matinée à des temples moins connus, mais qui valent la visite, comme le **Wat Saket** et le **mont d'Or** (p. 46) et le **Wat Suthat** (p. 46). Après un passage par le village d'artisans de **Ban Baat** (p. 46), **Thanon Bamrung Meuang** (p. 57) et ses boutiques d'articles religieux prolongent cet itinéraire pittoresque.

Quand sonne l'heure du déjeuner, rendez-vous au chaleureux et savoureux restaurant **Krua Apsorn** (p. 49). L'après-midi, direction Th Khao San, pour observer l'étonnant melting pot de cette rue vers laquelle convergent tous les voyageurs et acheter des souvenirs au **marché de Thanon Khao San** (p. 56).

Le soir, rejoignez Th Sukhumvit, qui aligne d'excellents restaurants étrangers comme **Jidori-Ya Kenzou** (p. 122) et **Nasir Al-Masri** (p. 125). La soirée pourra se poursuivre par un cocktail thaïlandais dans un bar comme **WTF** (p. 128) ou **Tuba** (p. 128), ou par une Singha en terrasse chez **Cheap Charlie's** (p. 130). Puis les oiseaux de nuit pourront aller danser au **Grease** (p. 129) ou écouter de la musique live à l'**Apoteka** (p. 132).

4e jour

En fin de semaine, **le marché du week-end de Chatuchak** (p. 136), accessible par le Skytrain vers le nord, pourra vous occuper une bonne matinée. Sinon, optez pour une excursion à la demi-journée sur l'île artificielle de **Ko Kret** (p. 142), ou pour une excursion d'une journée à **Ayutthaya** (p. 140).

Prenez le temps de vous remettre de votre matinée et attendez la (relative) fraîcheur de la fin d'après-midi pour rejoindre Chinatown en métro (MRT) et visiter le **Wat Traimit** (p. 62), temple du Bouddha d'Or, et le **Wat Mangkon Kamalawat** (p. 68), de style chinois. On pourra prolonger le dépaysement en poussant jusqu'au quartier indien de **Phahurat** (p. 68). À l'heure du dîner, suivez notre **parcours** (p. 64) à la découverte de la fameuse cuisine de rue de Chinatown.

Une fois rassasié, vous pourrez aller régaler vos yeux et votre odorat au **Pak Khlong Talat** (p. 67), un marché aux fleurs nocturne. Sinon, mettez le cap sur Banglamphu pour commencer la soirée par un verre au **Hippie de Bar** (p. 53), à faire suivre d'un concert endiablé au **Brick Bar** (p. 54). Pour prolonger votre nuit, un programme dance-floor/chichas attend les noctambules enthousiastes sur le toit du **Bank** (p. 43).

Les basiques

Pour en savoir plus, voir le *Carnet pratique* (p. 172)

Monnaie
Baht thaïlandais (B)

Langue
Thaï

Visas
La plupart des étrangers arrivant par un vol international peuvent se voir délivrer un visa de 30 jours. Les visas de 60 jours sont à demander auprès d'un consulat de Thaïlande avant votre départ.

Argent
Les distributeurs automatiques de billets sont très répandus ; une commission de 150 à 180 B est prélevée à chaque retrait sur un compte bancaire étranger. Les cartes Visa et MasterCard sont acceptées dans les établissements haut de gamme.

Téléphones portables
La Thaïlande utilise un réseau GSM et 3G, et les cartes SIM prépayées sont bon marché.

Heure locale
Asie/Bangkok (GMT/UTC + 7 heures).

Prises et adaptateurs
Les prises possèdent des fiches rondes à 2 broches ou des fiches plates ; le courant électrique est de type 220 V.

Pourboire
Les pourboires ne sont pas une pratique systématique en Thaïlande.

1 Avant de partir

Budget quotidien

Moins de 1 500 B

- Lit en dortoir ou chambre dans une pension sommaire 250-600 B
- Repas sur les stands de rue
- Deux ou trois sites fameux, à compléter par les temples en entrée libre et les parcs

De 1 500 B à 3 000 B

- Chambre dans une pension plus confortable ou un hôtel de catégorie moyenne 800-1 500 B
- Repas dans des petits restaurants
- La majorité des sites incontournables

Plus de 3 000 B

- Une chambre dans un hôtel chic à partir de 2 000 B
- Tables gastronomiques
- Visites guidées privées

Sites Internet

Lonely Planet (www.lonelyplanet.fr). Renseignements et forum de voyageurs.

BK (bk.asia-city.com). Version en ligne du meilleur guide des sorties à Bangkok.

Bangkok 101 (www.bangkok101.com). Agenda culturel et festif.

À prévoir

Trois mois avant Réservez votre chambre dans les hôtels chics, surtout pour la période de décembre ou janvier.

Un mois avant Demandez un visa à l'ambassade ou au consulat de Thaïlande dans votre pays pour un séjour supérieur à 30 jours ; réservez votre table chez nahm (p. 105).

Une semaine avant Achetez des vêtements adaptés à la chaleur ; réservez des cours dans une école de cuisine thaïlandaise.

2 Arriver à Bangkok

Suvarnabhumi, le principal aéroport international de Bangkok, se trouve à 25 km à l'est du centre-ville. Don Muang, l'aérogare des compagnies low-cost, est situé au nord de la ville.

Depuis l'aéroport international de Suvarnabhumi (BKK)

Destination	Meilleur moyen de transport
Banglamphu, Ko Ratanakosin et Thonburi	taxi, bus 556
Chinatown	taxi, Airport Link (puis réseau MRT)
Siam Square	taxi, Airport Link (puis réseau BTS)
Riverside, Silom et Lumphini	taxi, Airport Link (puis réseau MRT ou BTS)

Depuis l'aéroport international de Don Muang (DMK)

Destination	Meilleur moyen de transport
Banglamphu, Ko Ratanakosin et Thonburi	taxi, bus 59
Chinatown	taxi, bus 29, train
Siam Square	taxi, bus A1, A2 ou 538 (puis réseau BTS)
Riverside, Silom et Lumphini	taxi, bus A1 ou A2 (puis réseau BTS)

3 Comment circuler

Le réseau de transports publics de Bangkok ne cesse de s'étendre, mais il reste encore incomplet. Les temps de trajets sont très longs pour rejoindre certaines parties de la ville, en particulier les quartiers les plus anciens. La meilleure option consiste généralement à combiner un long trajet en métro (BTS ou MRT) et une petite course en taxi.

S BTS (Skytrain)

Le réseau de métro aérien Skytrain (www.bts.co.th) est le moyen de transport le plus efficace et le plus pratique dans le centre de Bangkok.

M MRT

Le métro de Bangkok (www.bangkokmetro.co.th) est très commode, mais moins étendu que le réseau Skytrain.

Taxi

En dehors des heures de pointe, les taxis à Bangkok sont bon marché.

Chao Phraya Express Boat

Ces bateaux (www.chaophrayaexpressboat.com.th) sont un moyen lent mais tranquille pour rejoindre les sites touristiques bordant le Mae Nam Chao Phraya.

Bateaux-bus

Ces bateaux circulant sur les canaux (*khlong* ou *klorng*) de Bangkok sont plus utiles aux travailleurs vivant dans les banlieues qu'aux visiteurs.

Bus

Certes bon marché, les bus de Bangkok (www.bmta.co.th) pèchent par leur lenteur et leur fonctionnement sibyllin.

Bangkok
Les quartiers

Banglamphu
(p. 40)
Abstraction faite du repaire de globe-trotteurs qu'est Th Khao San, ce quartier accueillant de vieilles *shophouses* et des temples reste la quintessence du Bangkok authentique.

Ko Ratanakosin et Thonburi (p. 22)
Le centre historique de Bangkok réunit, au bord du fleuve, tous les monuments au roi, à la nation et à la religion qui séduisent le plus les touristes.

Les incontournables

- Wat Phra Kaew et Grand Palais
- Wat Pho
- Wat Arun

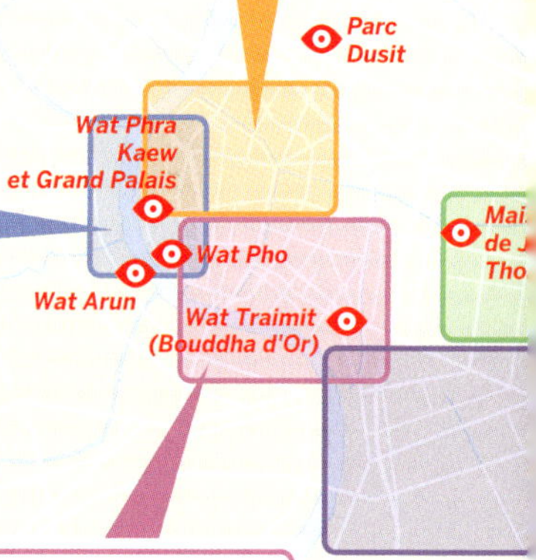

Chinatown (p. 60)
Ailerons de requins sur les tables, or et jade dans les vitrines, caractères chinois sur les néons clignotants : bienvenue à Chinatown, le quartier le plus trépidant de Bangkok.

Les incontournables

- Wat Traimit (Bouddha d'Or)

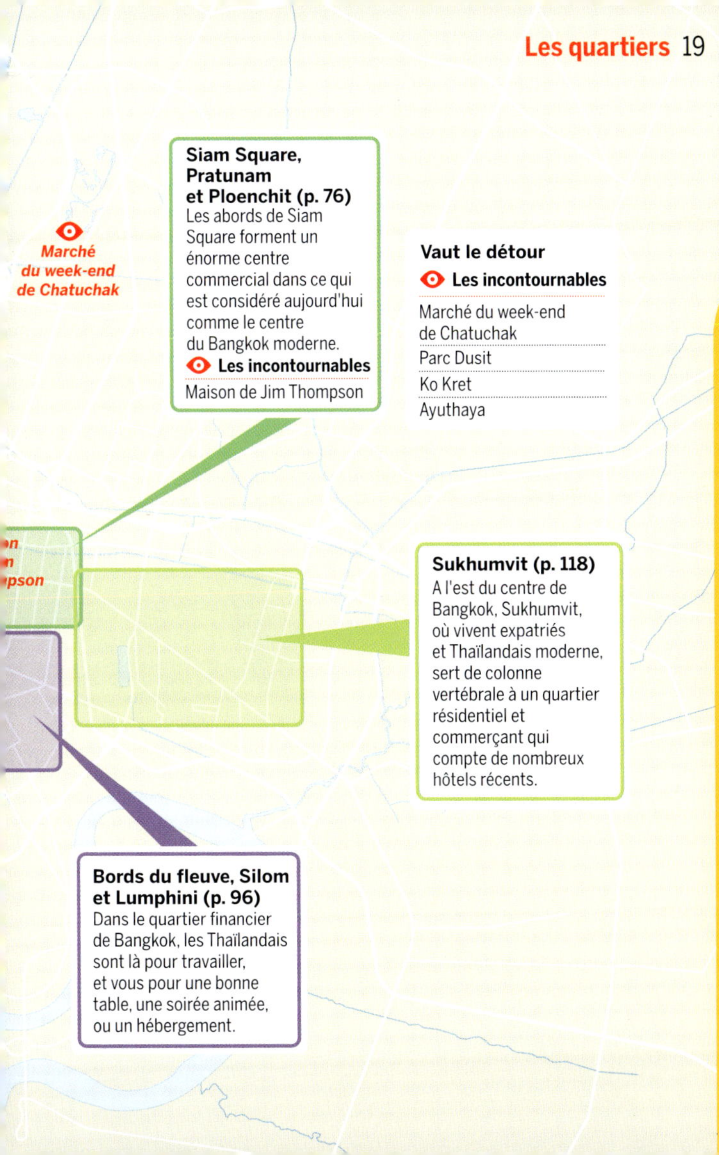

Siam Square, Pratunam et Ploenchit (p. 76)
Les abords de Siam Square forment un énorme centre commercial dans ce qui est considéré aujourd'hui comme le centre du Bangkok moderne.

Les incontournables

Maison de Jim Thompson

Vaut le détour

Les incontournables

- Marché du week-end de Chatuchak
- Parc Dusit
- Ko Kret
- Ayuthaya

Sukhumvit (p. 118)
A l'est du centre de Bangkok, Sukhumvit, où vivent expatriés et Thaïlandais moderne, sert de colonne vertébrale à un quartier résidentiel et commerçant qui compte de nombreux hôtels récents.

Bords du fleuve, Silom et Lumphini (p. 96)
Dans le quartier financier de Bangkok, les Thaïlandais sont là pour travailler, et vous pour une bonne table, une soirée animée, ou un hébergement.

Explorer Bangkok

Vaut le détour

Wat Phra Kaew et le Grand Palais (p. 24)

JAN WLODARCZYK / GETTY IMAGES ©

Explorer

Ko Ratanakosin et Thonburi

C'est sur l'île artificielle de Ko Ratanakosin, berceau de Bangkok, que s'élèvent les temples bouddhiques et les palais qui comptent parmi les sites les plus importants (et les plus visités) de la capitale. Sur l'autre rive du fleuve Chao Phraya (Mae Nam Chao Phraya), Thonburi offre un contraste marqué : ce quartier calme, composé de zones résidentielles reliées par des *khlong* (ou *klorng*, canaux), mérite largement la visite.

L'essentiel en un jour

Dès potron-minet, profitez de la fraîcheur matinale et devancez les foules au **Wat Phra Kaew** et au **Grand Palais** (p. 24), qui forment *le* site incontournable de Bangkok. Il vous suffira ensuite de faire quelques pas pour aller admirer l'immense bouddha couché du **Wat Pho** (p. 28).

La faim, la fatigue et la chaleur vous imposeront probablement une pause : allez vous ragaillardir dans l'air climatisé du **Coconut Palm** (p. 37). Pour la digestion rien de tel qu'un massage à l'**École de massage traditionnel de Chetawan** (p. 36). Si vous préférez une stimulation plus intellectuelle, rendez-vous dans les passionnantes galeries du **musée du Siam** (p. 35) ou devant les trésors anciens du **Musée national** (p. 35).

La fin d'après-midi approchant, vous pourrez traverser le Mae Nam Chao Phraya et découvrir l'imposant **Wat Arun** (p. 32). Tâchez de regagner Ko Ratanakosin à temps pour siroter un cocktail au coucher du soleil au **Roof** (p. 38) avant d'aller dîner dans un restaurant au bord du fleuve : **Sala Rattanakosin** (p. 38) ou **Khunkung** (p. 37).

Les incontournables

Wat Phra Kaew et Grand Palais (p. 24)

Wat Pho (p. 28)

Wat Arun (p. 32)

Le meilleur du quartier

Temples

Wat Phra Kaew (p. 24)

Wat Pho (p. 28)

Wat Arun (p. 32)

Musées

Musée du Siam (p. 35)

Musée national (p. 35)

Musée médico-légal Songkran Niyomsane et musée des Parasites (p. 36)

Bars sur le toit

Roof (p. 38)

Amorosa (p. 39)

Comment y aller

Ferry fluvial Pour Ko Ratanakosin : Tha Tien et Tha Chang. Pour Thonburi : Tha Wang Lang/Siriraj et Tha Saphan Phra Pin Klao.

S **BTS** Pour Thonburi : Krung Thonburi ou Wong Wian Yai puis taxi.

Les incontournables
Wat Phra Kaew et Grand Palais

Le nom de Wat Phra Kaew, ou temple du Bouddha d'Émeraude, désigne un ensemble architectural immense et enchanteur qui renferme aussi le Grand Palais, ancienne résidence de la famille royale thaïlandaise. Consacré en 1782, l'année où Bangkok est devenue capitale, ce site est la principale visite touristique de la ville. Lieu de pèlerinage pour les bouddhistes et les nationalistes, il réunit sur quelque 94,5 ha, une bonne centaine d'édifices qui illustrent deux siècles de monarchie et d'architecture.

วัดพระแก้ว, พระบรมมหาราชวัง

Plan p. 34, C4

Th Na Phra Lan

500 B

8h30-15h30

Tha Chang

À ne pas manquer

Le Bouddha d'Émeraude

Trônant sur un piédestal au milieu des décors fantastiques du *bòht* (salle des ordinations) du Wat Phra Kaew, le Bouddha d'Émeraude - taillé dans un bloc de néphrite, un type de jade - constitue l'attrait majeur du temple. Cette statuette haute de seulement 66 cm est parée de trois tenues princières au gré des saisons (saisons des pluies, saisons chaude et froide).

Selon la légende, le Bouddha d'Émeraude fut au XVe siècle couvert de plâtre et de feuille d'or et placé dans un autre Wat Phra Kaew, celui de Chiang Rai. Il était courant, en des temps troublés, de déguiser ainsi les précieuses représentations du Bouddha afin de ne pas susciter la convoitise des voleurs ; souvent, leur vraie nature s'en trouvait oubliée, jusqu'à ce que quelque "divine surprise" ne vînt dévoiler leur valeur. Le Bouddha d'Émeraude connut précisément ce sort : lors d'un transfert vers une nouvelle "résidence", une heureuse chute fit voler sa carapace en éclats, révélant ses précieuses entrailles.

Au milieu du XVIe siècle, lors d'affrontements territoriaux, la statuette tomba aux mains des Laotiens. Il fallut attendre près de 200 ans et la prise de Vientiane par l'armée siamoise pour que les Thaïlandais récupèrent le Bouddha d'Émeraude. Il fut précieusement conservé dans la capitale d'alors, Thonburi, avant que le général qui avait mené le sac de Vientiane n'accède au trône et ne l'installe à son emplacement actuel.

Le *bòht*, lui-même, offre un remarquable exemple de l'école d'architecture Ratanakosin qui réunit des survivances stylistiques d'Ayuthaya avec des touches modernes venues de Chine et d'Occident.

À savoir

- L'accès à l'ensemble du Wat Phra Kaew et du Grand Palais se fait par la troisième porte, bien indiquée, depuis le débarcadère ; les billets s'achètent à l'intérieur. Quiconque vous annonce que le site est fermé est soit un vendeur de pierres précieuses, soit un filou.
- Une tenue correcte est exigée dans l'enceinte du Wat Phra Kaew et du Grand Palais : si vous montrez un centimètre carré de peau de trop, on vous conduira au vestiaire où vous seront remis une chemise ou un sarong (caution de 200 B).
- Le billet inclut l'entrée au parc Dusit (p. 59).

Une petite faim ?

Allez déjeuner chez Ming Lee (p. 37), charmant restaurant thaïlandais à l'ancienne, de l'autre côté de la rue, pratiquement en face de l'entrée principale du complexe.

Fresques du “Ramakien”

Peintes sous le règne de Rama Ier (roi Phraphutthayotfa ; 1782-1809) et restaurées de fraîche date, des fresques retracent le *Ramakien* (la version thaïlandaise du *Ramayana* indien) sur l’intérieur des murs qui entourent le Wat Phra Kaew. Commençant à la porte nord et se déroulant dans le sens des aiguilles d’une montre, elles racontent en 178 tableaux l’épopée de Rama pour récupérer son épouse Sita, enlevée par le démon Ravana.

Gardiens du Wat Phra Kaew

Impossibles à manquer, à l’entrée du Wat Phra Kaew, les deux *yakcha* de 5 m de haut sont des géants - ou des ogres -, issus de la mythologie hindouiste/bouddhiste. Les autres bâtiments renferment bien d’autres créatures mythologiques, tels le *kinnari*, mi-homme mi-oiseau ou le *garuda*, créature ailée et sacrée.

Phra Mondop

Cet édifice fut construit sur l’ordre de Rama Ier pour accueillir des manuscrits sacrés du bouddhisme : son toit à sept étages, son sol recouvert de nattes d’argent et ses portes incrustées de nacre en font la plus somptueuse des bibliothèques au monde. Le Phra Mondop est fermé au public. Avec son voisin de style khmer, le Prasat Phra Thep Bidon, et le *chedi* (stupa) doré du Phra Si Ratana, il est le plus haut édifice de l’ensemble.

Chakri Mahaprasat

Achevé en 1882, sur des plans conçus par des architectes britanniques, le Chakri Mahaprasat (ou Grand Palace Hall) est le plus vaste édifice du Grand Palais. Sa façade qui mêle style Renaissance italienne et tradition architecturale thaïlandaise lui a valu le surnom de *fa·ràng sài chá·dah* (l’Occidental dans une couronne thaïlandaise). La flèche centrale abrite les cendres des rois de la dynastie Chakri, et les latérales celles des princes n’ayant jamais accédé au trône.

Amarindra Hall

Vaste et presque vide, cet ancien palais de justice est aujourd’hui le théâtre des cérémonies du couronnement, la dernière en date remontant à 1950. Le trône doré, en forme de bateau, impressionne par son opulence...

Borombhiman Hall

Cette ancienne résidence de Rama VI (ou Vajiravudh ; 1910-1925), d’inspiration française, fut en 1946 le théâtre de l’assassinat de Rama VIII (ou Ananda Mahidol ; 1935-1946), et en avril 1981 le quartier général du coup d’État manqué mené par le général San Chitpatima. Il n’est aujourd’hui visible que depuis ses grilles d’enceinte.

Dusit Hall

À l’extrémité ouest de l’ensemble architectural, cette construction de style Ratanakosin, qui accueillit d’abord les audiences royales, fut ensuite réservée aux obsèques des monarques.

Wat Phra Kaew et Grand Palais

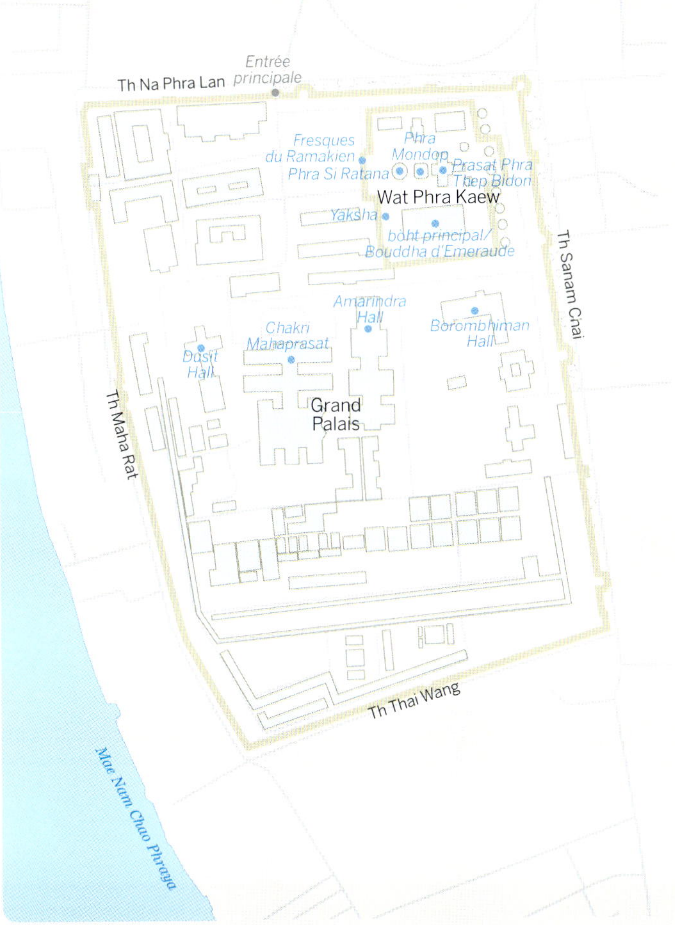

Les incontournables
Wat Pho

S'il est un temple à ne pas manquer à Bangkok, c'est bien le Wat Pho, célèbre pour son remarquable bouddha couché, le plus grand de la capitale. Vaste ensemble constellé de stupas, c'est le plus ancien et le plus grand wat de la capitale et il abrite la plus riche collection de bouddhas de Thaïlande. C'est aussi le plus ancien centre d'enseignement public du pays. Pourtant, le Wat Pho est (légèrement) moins fréquenté que son voisin le Wat Phra Kaew, et bénéficie d'une atmosphère moins commerciale.

วัดโพธิ์/วัดพระเชตุพน
Wat Phra Chetuphon

Plan p.34, D5

Th Sanam Chai

200 B

8h30-6h30

Tha Tien

Le bouddha couché du Wat Po

À ne pas manquer

Bouddha couché

Situé dans le principal *wí·hăhn* (sanctuaire), cette impressionnante statue de 46 m de long et 15 m de haut représente Bouddha sur son lit de mort juste avant d'atteindre le nivarna. Moulé en plâtre sur une armature de brique et doré à la feuille, ce bouddha couché, achevé en 1848, reste le plus imposant de la capitale. Les incrustations de nacre sur ses pieds représentent les 108 *lák·sà·nà* (signes caractéristiques) de bon augure. Ce chiffre sacré se retrouve dans le nombre de bols à aumône disposés derrière la statue : moyennant 20 B, vous pourrez y jeter une à une 108 piécettes pour vous porter bonheur.

Massages

Connaissez-vous beaucoup de lieux de culte qui proposent des massages ? Le Wat Pho, lui, est le Centre national d'enseignement de la médecine traditionnelle thaïlandaise, dont le massage est une discipline phare. La célèbre école possède deux **pavillons de massage** (massage thaïlandais, 420 B/h ; 🕗8h-18h) dans l'enceinte même du temple, ainsi que des annexes dans un centre de formation (p. 36) situé à l'extérieur du temple.

Phra Ubosot

Érigé sous les règne de Rama Ier dans l'esprit de l'école d'architecture d'Ayuthaya , le *bòht* (salle d'ordination) doit en réalité son apparence actuelle aux importantes rénovations datant du règne de Rama III (roi Phranangklao ; 1824-1851). Il abrite de superbes fresques, ainsi qu'un piédestal à trois niveaux qui contient les cendres de Rama Ier, et sur lequel trône un autre fantastique bouddha, Phra Bouddha Deva Patimakorn, ou bouddha assis.

☑ À savoir

- Arrivez tôt pour éviter les heures d'affluence et profiter de la (relative) fraîcheur.
- Ne vous contentez pas de contempler le Bouddha, prenez le temps de découvrir les autres trésors moins connus du Wat Pho au milieu de son dédale de cours et de jardins.
- Trop chaud ? Mal aux pieds ? Les pavillons de massages (climatisés) près de l'entrée est du Wat Pho sont un remède tout indiqué, et l'occasion de découvrir un massage thaïlandais professionnel à prix raisonnable.

Une petite soif ?

Deux adresses pratiques et délicieuses pour vous désaltérer après la visite (ou le massage) : le Sala Rattanakosin (p. 38), dans le genre chic, ou le Coconut Palm (p. 37), plus décontracté.

Autres statues du Bouddha

Les représentations du Bouddha exposées dans les quatre *wí·hăhn* entourant le Phra Ubosot méritent le coup d'œil. Les bouddhas Phra Chinnarat et Phra Chinnachai, en particulier, installés dans les *wí·hăhn* ouest et sud, datent de la période Sukhothai. Les galeries reliant ces quatre constructions recèlent pas moins de 394 bouddhas dorés couvrant pratiquement toutes les écoles d'artisanat traditionnel thaïlandais, de Lopburi à Ko Ratanakosin.

Inscriptions anciennes

Autour du Phra Ubosot, un muret en marbre est orné de 152 bas-reliefs illustrant des scènes du *Ramakien*. Elles figurent sur les estampes proposées par les vendeurs à la sortie du temple. Non loin, un pavillon renferme des inscriptions, classées par l'Unesco, qui détaillent les principes du massage thaïlandais. Ces inscriptions et quelque 2 000 autres gravées sur la pierre ont fait du Wat Pho le premier centre d'enseignement public du pays.

Chedi royaux

Sur le flanc ouest de l'ensemble architectural, quatre hauts *chedi* (stupas) rendent hommage aux quatre premiers rois de la dynastie Chakri. Remarquez leur forme de cloche carrée et leurs angles tous distincts, propres au style Ratanakosin, ainsi que les tuiles aux couleurs du drapeau bouddhique. Celui du milieu, dédié à Rama Ier, abrite le Phra Si Sanphet Dayarn, un bouddha debout, de 16 m de haut, provenant d'Ayuthaya. Le Wat Pho compte aussi 91 *chedi* plus petits qui recèlent les cendres de membres moins illustres de la famille royale.

Comprendre

Les géants de pierre du Wat Pho

Il n'y a pas que des moines et des touristes dans le Wat Pho : le temple a aussi pour habitants des dizaines de géants et autres personnages taillés dans le granit. Les géants de pierre, arrivés en Thaïlande à bord de jonques chinoises où ils servaient de lest, furent utilisés au Wat Pho (et dans d'autres temples, dont le Wat Suthat, p. 46) pour en garder les entrées et les cours. En les examinant attentivement, vous leur découvrirez des traits chinois. Les géants aux yeux exorbités et vêtus de costumes dignes d'un opéra chinois s'inspirent de guerriers nobles et sont appelés *lan than*. Le personnage coiffé d'un chapeau de paille est un paysan, immortalisé durant sa journée de labeur dans les champs. Et reconnaissez-vous cet homme au chapeau type haut-de-forme, portant une moustache et une barbe soignées ? C'est évidemment Marco Polo, qui introduisit ces modes européennes à la cour de Chine.

Wat Pho

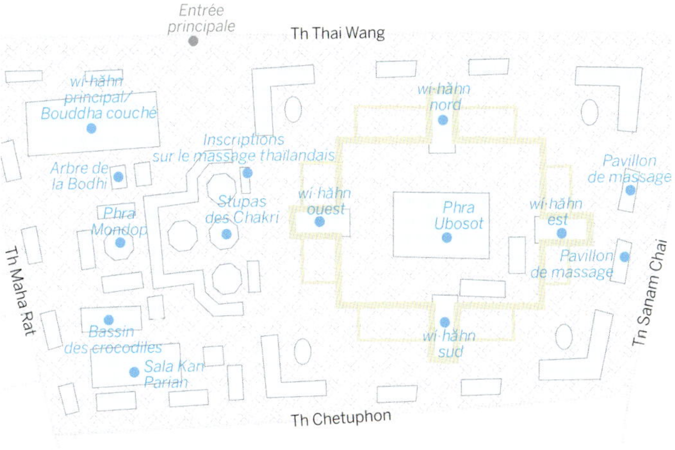

Phra Mondop

Aussi appelé *hŏr đrai*, le Phra Mondop, en hauteur, conserve des textes bouddhiques et est gardé par quatre *yaksha* (géants). Selon la légende, c'est une dispute entre les quatre créatures qui conduisit au défrichage de la zone autour de l'actuel Tha Tien. Juste au sud du Phra Mondop, le Crocodile Pond est un étang dépourvu de reptiles.

Sala Kan Parian

Dans l'angle sud-ouest du complexe, le Sala Kan Parian reste l'une des rares constructions antérieures aux importantes rénovations et expansions entreprises sous Rama III de ce qui était alors le Wat Pho Tharam. Construit dans le style d'Ayuthaya, c'était à l'origine le principal *bòht* du *wát* et il en abritait la principale statue du Bouddha.

L'ensemble architectural

De petits jardins de rocaille à la chinoise et des îlots de verdure parsèment les cours. Ne manquez pas la rocaille dédiée à l'ermite Khao Mor, qui aurait inventé le yoga. Juste au sud du principal *wí·hăhn* se trouve un arbre de la Bodhi (*đôn po*), qui aurait poussé à partir d'une bouture de celui sous lequel le Bouddha aurait atteint l'Éveil. C'est à lui que le temple doit son nom courant de Wat Pho.

Les incontournables
Wat Arun

Tout en hauteur sur les berges du Mae Nam Chao Phraya, le temple de l'Aube doit son nom à Aruna, la déesse indienne de l'Aube. C'est en découvrant ici un lieu de culte que le roi Taksin, y voyant un signe de bon augure, aurait décidé d'établir la nouvelle capitale du Siam. Le Wat Arun est aujourd'hui réputé pour son haut sanctuaire emblématique – et pour être l'un des rares temples bouddhiques que le visiteur peut escalader.

วัดอรุณฯ

Plan p. 34, B5

www.watarun.net

accès par Th Arun Amarin

50 B

8h-18h

Traversez le fleuve en bateau depuis Tha Tien

À ne pas manquer

La tour

Pièce maîtresse du Wat Arun, son *Ɓrahng* (ou *prang*), tour haute de 82 m, fut érigé dans le style khmer dans la première moitié du XIXe siècle. On mesure la beauté de ses mosaïques florales de près : ces décors de porcelaine sont typiques du début de la période Ratanakosin, lorsque ce matériau était embarqué en guise de lest par les navires chinois qui faisaient escale à Bangkok.

La salle d'ordination

Le principal *bòht* (salle d'ordination) abrite une image du Bouddha qui aurait été dessinée par Rama II (roi Phraphutthaloetla Naphalai ; 1809-1824) lui-même. De belles peintures murales représentent le prince Siddhartha (le Bouddha) qui, sorti de l'enceinte du palais, fait quatre rencontres (un vieillard, un malade, un cadavre et un ermite) qui l'amènent à réfléchir à la destinée humaine et à se détacher de ce monde.

L'ensemble architectural

Outre le *prang* central et le *bòht*, le Wat Arun comprend deux *wí·hăhn* (sanctuaires) et un *hŏr đrai* (bibliothèque d'écrits bouddhiques). Non loin du fleuve se trouvent six *săh·lah* (ou *sala*) de style chinois : ces pavillons ouverts, conçus à l'origine pour la relaxation ou l'étude, tendent à se transformer en débarcadères pour les bateaux.

Le quartier

De nombreux visiteurs rejoignent le Wat Arun dans le cadre de circuits en *long tail boat*, mais il est bien plus simple et bien plus gratifiant de prendre le ferry 3B qui traverse le fleuve depuis Tha Tien (de 5h à 21h). Une fois sur la rive du Wat Arun, la balade est agréable dans Th Wang Doem, une rue tranquille bordée de maisons-échoppes en bois.

☑ À savoir

- Une tenue correcte est exigée pour monter sur le Wat Arun. Si vous êtes trop dénudé, vous pouvez louer un sarong (20 B + caution de 100 B).
- Il est conseillé de visiter le Wat Arun en fin d'après-midi, quand le soleil, à l'ouest, illumine sa flèche et le fleuve en arrière-plan.
- Pour une superbe vue sur le temple au coucher du soleil, rendez-vous de l'autre côté du fleuve dans les entrepôts bordant Th Maha Rat – sachez que les habitants vous demanderont peut-être un "droit d'accès" de 20 B.

Une petite soif ?

Au coucher du soleil, la vue sur le Wat Arun est magnifique depuis le Roof (p. 38), le bar sur le toit du Sala Rattanakosin.

A
B
C
D
1
2
3
4
5
0 200 m
5 Musée national des Barges royales
Khlong Bangkok Noi
Bangkok Information Center
Th Somdet Phra Pin Klao
Th Ratchini
12
4 Musée médico-légal Songkran Niyomsane et musée des Parasites
2 Musée national
Tha Phra Chan
Th Na Phra That
Th Ratchadamnoen Nai
Khlong Lod
Th Phrannok
Tha Wang Lang/Siriraj
Th Phra Chan
Tha Maharaj
Th Maha Rat
Tha Wat Rakhang
Tha Chang
7
Th Na Phra Lan
Th Lak Meuang
9
Wat Phra Kaew
Th Atsadang
Th Arun Amarin
Grand Palais
Th Sanam Chai
Nos adresses
Les incontournables p. 24
Voir p. 35
Se restaurer p. 37
Prendre un verre p. 38
Sortir p. 39
KO RATANAKOSIN
Mae Nam Chao Phraya
Jardin royal Saranrom
Th Ratchini
Th Charoen Krung
Khlong Mon
Tha Tien
Wat Pho
Th Arun Amarin
Soi Pratu Nokyung
10
8
Tha Wat Arun
Th Wang Doem
11
6
Musée du Siam
Ecole de massage traditionnel Chetawan
3
Soi Pen Phat
1
THONBURI
Wat Arun

KAY MAERITZ / GETTY IMAGES ©

Musée national

Voir

Musée du Siam

MUSÉE

1 Plan p. 34, D5

Installé dans un édifice de style européen, du XIXe siècle, qui abrita jadis le ministère du Commerce, ce musée présente de façon divertissante les origines et la culture du peuple thaï : sa muséographie très attrayante, interactive et multimédia, détonne dans le paysage muséal national. Les enfants auront de quoi s'occuper pendant au moins une heure. (สถาบันพิพิธภัณฑการเรียนรูแหงชาติ ; www.museumsiam.com ; Th Maha Rat ; 300 B ; 10h-18h mar-dim ; ; Tha Tien)

Musée national

MUSÉE

2 Plan p. 34, C2

Souvent présenté comme le plus grand musée d'Asie du Sud-Est, le Musée national de Thaïlande renferme une collection impressionnante de sculptures religieuses. Il occupe un ensemble architectural érigé à l'origine en 1782 pour accueillir la résidence du vice-roi de Rama Ier, le prince Wang Na. Rama V (Chulalongkorn, 1868-1910) en fit un musée dès 1884. Le musée actuel compte 3 expositions permanentes réparties dans plusieurs galeries. Visite guidée gratuite les mercredis et jeudis à 9h30. (พิพิธภัณฑสถานแหงชาติ ; 4 Th Na Phra That ; 200 B ; 9h-16h mer-dim ; Tha Chang)

École de massage traditionnel de Chetawan

MASSAGE

3 Plan p. 34, C5

Arrêtez-vous ici pour un massage, si vous êtes de passage. Si vous avez le temps, ses divers stages sont réputés. L'école se trouve en dehors du temple Wat Pho, dans une *shophouse* (maison-échoppe) restaurée située au bout de Soi Pen Phat : la rue n'est pas signalisée, repérez-vous au restaurant Coconut Palm. (☎0 2622 3551 ; www.watpomassage.com ; 392/32-33 Soi Phen Phat ; massage Thaï 420 B/heure, cours à partir de 2 500 B ; 8h30-18h ; Tha Tien)

Musée médico-légal Songkran Niyomsane et musée des Parasites

MUSÉE

4 Plan p. 34, A2

Pas pour les âmes sensibles ! Organes baignant dans le formol, armes ayant servi à d'ingénieux assassinats et autres preuves de scènes de crime constituent le fonds de ce macabre musée médico-légal. Son voisin, consacré aux parasites, fait lui aussi dans l'insolite. Pour vous y rendre, préférez le ferry express ou celui qui traverse le fleuve et descendez à Tha Wang Lang/Siriraj à Thonburi ; prenez ensuite à droite (vers le nord) pour entrer dans l'hôpital et suivez les panneaux "Museum". (พิพิธภัณฑนิติเวชศาสตรสงกรานตนิยมเสน ; 2e ét., Adulyadejvikrom Bldg, Siriraj Hospital ; 200 B ; 10h-16h mer-lun ; Tha Wang Lang/Siriraj)

À savoir

Tenue correcte exigée

Les principaux sites touristiques de Bangkok sont souvent des lieux sacrés où une tenue vestimentaire et un comportement adaptés s'imposent au visiteur. Au Wat Phra Kaew et au Grand Palais en particulier, l'entrée vous sera refusée si vous n'êtes pas suffisamment couvert : short, débardeur et pantacourt sont proscrits – seuls vos bras et votre tête peuvent être découverts. Dans le cas contraire, vous serez certainement mené à un vestiaire où vous sera prêté un sarong.

Musée national des Barges royales

MUSÉE

5 Plan p. 34, A1

Ces barges richement sculptées du musée sortent de temps à autre pour de grandes processions fluviales à l'occasion de cérémonies. L'embarcation attitrée du roi, la *Supphannahong*, est la plus grande pirogue au monde. Le musée peut se visiter dans le cadre d'une visite de Thonburi en *long tail boat* ; à pied, depuis le Tha Saphan Pin Klao, prenez Th Somdet Phra Pin Klao 1 et suivez les pancartes. (พิพิธภัณฑสถานแหงชาติ เรือพระราชพิธี/เรือพระที่นั่ง ; Khlong Bangkok Noi ou 80/1 Th Arun Amarin ; 100 B, supp appareil photo 100 B ; 9h-17h ; Tha Saphan Phra Pin Klao)

Se restaurer

Coconut Palm

THAÏLANDAIS $

6 Plan p. 34, C5

Large choix de plats thaïlandais, mais la plupart des fidèles sont là pour les nouilles façon Sukhothai : de fines pâtes de riz accompagnées de porc, cacahuètes pilées et piment séché. Et si vous n'avez pas faim, profitez de la climatisation et des boissons fraîches. (www.coconutpalmrestaurant.com ; 392/1-2 Th Maha Rat ; plats 40-100 B ; 11h-18h ; Tha Tien)

Ming Lee

SINO-THAÏLANDAIS $

7 Plan p. 34, C3

En face du Wat Phra Kaew, mais pas évidente à repérer (aucune indication en caractères romains) , cette échoppe-restaurant, installée depuis des décennies, sert aussi bien des plats occidentaux/chinois (comme de la langue braisée) que des classiques thaïlandais (telle la “salade de boeuf aux épices” incroyablement aillée et aigre). (28-30 Th Na Phra Lan ; plats 70-100 B ; 11h30-18h ; Tha Chang)

Pa Aew

THAÏLANDAIS $

8 Plan p. 34, C5

Pa Aew est un modeste stand de curries, mais en matière de goût, c'est l'une de nos adresses préférées dans ce coin de la ville. Vous savourerez une succulente cuisine à la bangkokienne, riche en produits de la mer, assis sur un tabouret en plastique. Il n'est pas indiqué ; vous verrez les plateaux de nourriture exposés juste en face de la Krung Thai Bank. (Th Maha Rat ; plats 20-60 B ; 10h-17h ; Tha Tien)

Khunkung

THAÏLANDAIS $$

9 Plan p. 34, B3

Le restaurant de la Royal Navy Association jouit d'un emplacement recherché en bordure du Mae Nam Chao Phraya. On y vient à la fois pour le panorama et pour une cuisine de la mer

100% Bangkokien

Sur les canaux de Thonburi

Des *long tails boats* attendent les clients à Tha Chang et Tha Tien pour les conduire à la découverte des fameux *khlong* de Thonburi de 8h30 à 17h. Les circuits passent par le **Khlong Bangkok Noi** et le **Khlong Bangkok Yai**, via le musée national des Barges royales, le Wat Arun et un temple au bord de l'eau où l'on nourrit les poissons. Des excursions plus longues font un détour par le **Khlong Mon**, entre le Bangkok Noi et le Bangkok Yai, avec arrêt, le week-end, au marché flottant de Taling Chan. Notez toutefois que le circuit le plus répandu, d'une heure (1 000 B, jusqu'à 8 personnes), n'offre pas assez de temps pour visiter un de ces sites. Pour cela, comptez 1 heure 30 (1 300 B), voire 2 heures (1 500 B).

aussi bonne que bon marché – mais moins pour l'ambiance façon cafétéria. Guettez l'indication "Navy Club" sur Th Maha Rat. (Navy Club ; 77 Th Maha Rat ; plats 75-720 B ; 11h-14h et 18h-22h lun-ven, 11h-22h sam-dim ; Tha Chang)

Sala Rattanakosin THAÏLANDAIS $$$

10 Plan p. 34, C5

Ce restaurant en terrasse que surplombe quasiment le Wat Arun, et qui fait la gloire de l'hôtel Sala Rattanakosin, doit pour une bonne part son prestige à son emplacement. La cuisine – surtout du nord et du centre de la thaïlande parfois revisitée à l'occidentale – n'est pas toujours à la hauteur du cadre, mais c'est le seul restaurant chic dans cette partie de la ville. (0 2622 1388; www.salaresorts.com/rattanakosin ; Sala Rattanakosin, 39 Th Maha Rat ; plats 240-1 100 B ; 11h-16h et 17h30-23h ; Tha Tien)

Prendre un verre

Roof BAR

Cet élégant bar en plein air sur le toit du nouvel hôtel Sala Rattanakosin (voir 10 Plan p. 34, C5) renouvelle les points de vue sur le Wat Arun au coucher du soleil – mais à travers un mur de touristes qui font des selfies. (www.salaresorts.com/rattanakosin ; sur le toit, Sala Rattanakosin, 39 Th Maha Rat ; 17h-minuit lun-jeu, 17h-1h ven-dim ; Tha Tien)

Marché aux amulettes

Amorosa

BAR

11 Plan p. 34, C5

Tout en haut de l'Arun Residence, l'Amorosa jouit d'une vue imprenable sur le fleuve et le Wat Arun juste en face. La vision des bateaux qui sillonnent le fleuve royal sur fond de Wat Arun illuminé compense la banalité des cocktails. (www.arunresidence.com ; toit de l'Arun Residence, 36-38 Soi Pratu Nokyung ; 17h-minuit lun-jeu, jusqu'à 1h ven-dim ; Tha Tien)

Sortir

Théâtre national

THÉÂTRE

12 Plan p. 34, C1

Rouvert après de longues rénovations, le Théâtre national propose des représentations de *kŏhn*, théâtre dansé et masqué représentant souvent des scènes du *Ramakien* (les deux premiers dimanches du mois), mais aussi des *lá·kon*, du théâtre dansé traditionnel (le dernier vendredi du mois) et des concerts de musique thaïlandaise (3e vendredi du mois). (0 2224 1342 ; 2 Th Ratchini ; 60-100 B ; Tha Chang)

100% Bangkokien

Marché aux amulettes

Ésotérique et fascinant, le **marché aux amulettes** (ตลาดพระเครื่องวัดมหาธาตุ ; plan p. 34, B2 ; Th Maha Rat ; 7h-17h ; Tha Chang) investit les trottoirs de Th Maha Rat et Th Phra Chan ainsi qu'un dédale de stands couverts près du Tha Phra Chan. La marchandise ? Toute une gamme de petits talismans très prisés des collectionneurs, des moines, des chauffeurs de taxi et de tous ceux exerçant des métiers à risques.

Explorer

Banglamphu

Rues verdoyantes, vieilles *shophouses* (maisons-boutiques), charmants marchés et temples éblouissants vous attendent à Banglamphu, où se niche encore un peu du “Bangkok” authentique. Tout le pittoresque de la ville d’antan ! On se croirait dans une carte postale – enfin, jusqu’au moment où on débouche sur Th Khao San, repaire de globe-trotteurs qui est tout sauf traditionnel.

L'essentiel en un jour

La journée commence par un beau panorama sur Banglamphu du haut du **Mont d'Or** (p. 46), suivie d'une flânerie, en contrebas, dans le village d'artisans de **Ban Baat** (p. 46). Vous pourrez continuer à pied jusqu'au **Wat Suthat** (p. 46), peu visité malgré sa grande beauté.

Là, vous n'êtes plus qu'à quelques pas du **Krua Apsorn** (p. 49) et du **Poj Spa Kar** (p. 53), deux institutions de la restauration locale. Ensuite, rejoignez Th Khao San pour flâner dans le **marché de rue** (p. 56). Vous pourrez prolonger le shopping dans des boutiques spécialisées comme **Nittaya Thai Curry** (p. 57) ou **Taekee Taekon** (p. 57), ou faire une pause au bord du fleuve dans le **parc Santi Chai Prakan** près du **fort Phra Sumen** (p. 46).

Le soir venu, deux options s'offrent à vous. Après vous être régalé au **Likhit Kai Yang** (p. 49), allez suivre quelques rounds de boxe thaïlandaise au **stade Ratchadamnoen** (p. 54). Ou reprenez des forces avec les succulentes nouilles de **Jay Fai** (p. 49) avant d'aller boire un verre avec les hipsters du coin au **Hippie de Bar** (p. 53) ou au **Phra Nakorn Bar & Gallery** (p. 53).

Pour vivre Banglamphu *by night* comme un Bangkokien, rendez-vous p. 42.

100% bangkokien

Tournée des bars de Banglamphu (p. 42)

Le meilleur du quartier

Temples

Wat Suthat (p. 46)

Mont d'Or et Wat Saket (p. 46)

Musique live

Brick Bar (p. 54)

Ad Here the 13th (p. 56)

Cuisine de rue

Jay Fai (p. 49)

Thip Samai (p. 50)

Cuisine ethnique

Shoshana (p. 50)

Marchés

Marché de Thanon Khao San (p. 56)

Bars sur le toit

Phra Nakorn Bar & Gallery (p. 53)

Discothèque

The Club (p. 53)

Comment y aller

Ferry sur le fleuve Tha Phra Athit/Banglamphu.

Bateau-bus Phanfa Leelard Pier.

100% bangkokien
La tournée des bars de Banglamphu

Trouver un bar sympa dans Banglamphu est un jeu d'enfant car ce quartier est l'un des plus prisés des noctambules. Mais pourquoi se limiter à un seul ? Nous vous avons concocté un itinéraire riche en émotions : au programme, vue sur le fleuve, clientèle locale, musique live et ambiance jusqu'au bout de la nuit.

1 Vue sur le fleuve

Démarrez la soirée dans le confort climatisé du **Sheepshank** (☎0 2629 5165 ; www.sheepshankpublichouse.com ; 47 Th Phra Athit ; plats 320-1 150 B ; ⏲18h-minuit mar-sam ; ⛴Tha Phra Athit/Banglamphu), pub-restaurant qui sert en-cas et cocktails classiques, ou en plein air au **Babble & Rum** (www.snhcollection.com/rivasurya ; hôtel Riva Surya, 23 Th Phra Athit ; ⏲17h-22h ; ⛴Tha Phra Athit/Banglamphu), restaurant-bar de l'hôtel Riva Surya, en bordure du fleuve.

❷ Faune locale

C'est dans Soi Ram Buttri que se déroule la deuxième étape de l'itinéraire. Pour observer les passants, direction le **Gecko Bar** (angle Soi Chana Songkhram et Soi Rambutri ; 10h-1h ; Tha Phra Athit/Banglamphu), simple et sans prétention, ou, à quelques pas de là, **Madame Musur** (41 Soi Ram Buttri ; 8h-1h ; Tha Phra Athit/Banglamphu), un peu plus sophistiqué et qui sert une cuisine du nord du pays.

❸ Plage urbaine

Banglamphu s'est visiblement pris d'une passion inexplicable pour les bars à cocktails à la déco façon plage du Pacifique. Si c'est votre tasse de thé, mettez le cap vers le sud sur Soi Ram Buttri pour siroter un cocktail fruité dans le décor "géants de l'île de Pâques" du **Sawasdee House** (147 Soi Ram Buttri ; 11h-2h ; Tha Phra Athit/Banglamphu) ou bien, juste au sud de Th Chakraphatdi Phong, au **Macaroni Club** (36 Th Rambuttri ; 24h/24 ; Tha Phra Athit/Banglamphu).

❹ Musique live

Sans une sirupeuse reprise de tubes internationaux, il n'est pas de tournée des bars digne de ce nom à Bangkok (vous ne pouvez prétendre connaître la ville si vous n'y avez jamais entendu reprendre en chœur *Hotel California*) : sur Th Rambuttri, il y a que le choix de bars en plein air où jouent des groupes, tels **Barlamphu** (Th Rambuttri ; 12h-1h ; Tha Phra Athit/Banglamphu) ou, 150 m au sud, le **Molly Bar** (108 Th Rambuttri ; 20h-1h ; Tha Phra Athit/Banglamphu).

❺ Th Khao San

À ce stade du circuit, vous êtes prêt à découvrir le clou de la soirée : Th Khao San. Admirez le défilé de sa population cosmopolite depuis les hauteurs du **Roof Bar** (Th Khao San ; 17h-minuit ; Tha Phra Athit, Banglamphu), ou bien, juste en face mais au niveau de la rue, dans le trépidant **Center Khao Sarn** (Th Khao San ; 24h/24 ; Tha Phra Athit/Banglamphu).

❻ Dance Fever

S'il vous reste de l'énergie, le moment est venu d'entrer dans l'une des discothèques de Th Khao San, par exemple le **Lava Gold** (www.facebook.com/Lava.Gold.Club ; 249 Th Khao San ; entrée libre ; 19h-4h ; Tha Phra Athit/Banglamphu), à la décoration très dancing. Inutile d'y aller avant minuit.

❼ Au bout de la nuit

Pour prolonger la fête au delà de 2h (l'heure où ferment la plupart des bars du quartier), filez au **Bank** (3e ét., 44 Th Chakraphatdi Phong ; 18h-tard ; Tha Phra Athit/Banglamphu), un lounge/club sur le toit qui reste ouvert très très tard. On vous aura prévenus...

Nos adresses

Voir	p. 46
Se restaurer	p. 49
Prendre un verre	p. 53
Sortir	p. 54
Shopping	p. 56

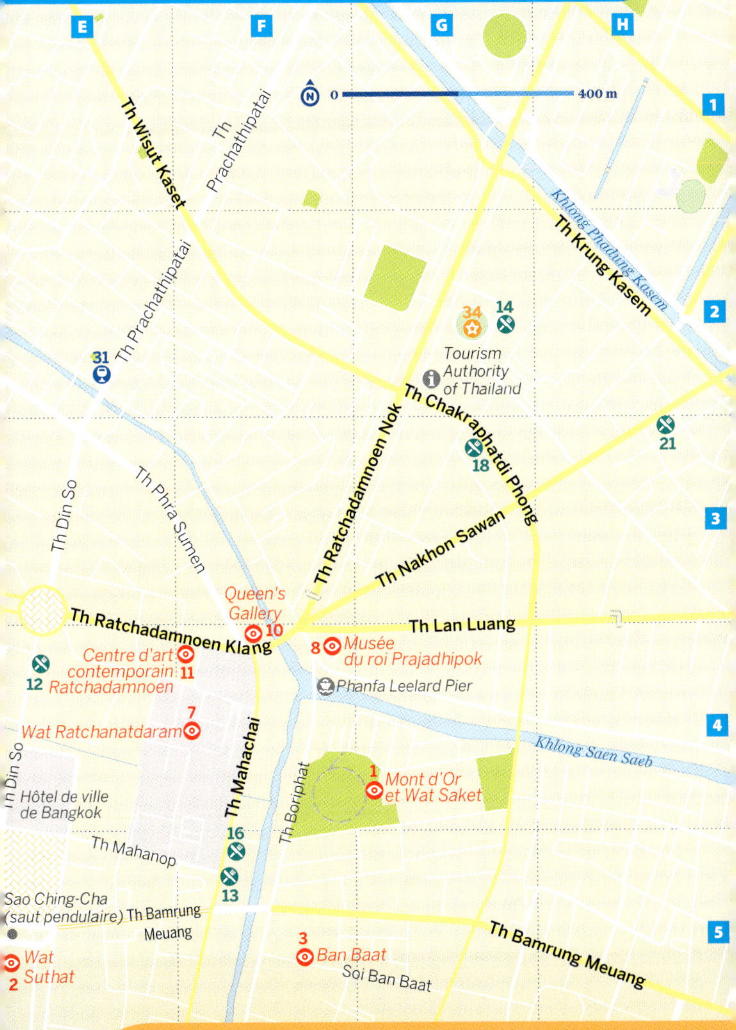
E
F
G
H
0
400 m
1
2
3
4
5
Th Wisut Kaset
Th Prachathipatai
Th Prachathipatai
Khlong Phadung Kasem
Th Krung Kasem
34
14
Tourism Authority of Thailand
31
Th Chakraphatdi Phong
Th Ratchadamnoen Nok
18
21
Th Din So
Th Phra Sumen
Th Nakhon Sawan
Queen's Gallery
10
Th Ratchadamnoen Klang
Th Lan Luang
8
Musée du roi Prajadhipok
Centre d'art contemporain Ratchadamnoen
11
12
Phanfa Leelard Pier
7
Wat Ratchanatdaram
Khlong Saen Saeb
Th Din So
Hôtel de ville de Bangkok
Th Mahachai
Th Boriphat
1
Mont d'Or et Wat Saket
Th Mahanop
16
13
Sao Ching-Cha (saut pendulaire)
Th Bamrung Meuang
Th Bamrung Meuang
Wat Suthat
2
3
Ban Baat
Soi Ban Baat

Voir

Mont d'Or et Wat Saket

TEMPLE BOUDDHIQUE

1 Plan p. 44, G4

Étape moins courue du grand tour des temples, le Mont d'Or est une colline artificielle d'où Bangkok apparaît sereine et méditative. Voisin, le Wat Saket abrite dans son *bòht* (salle d'ordination) d'intéressantes fresques bouddhiques (parfois macabres). En novembre, lors de la fête du temple, joignez-vous à la procession aux flambeaux qui monte au sommet.(ภูเขาทอง, วัดสระเกศ ; Th Boriphat ; entrée libre ; 7h30-17h30 ; bateau-bus jusqu'à Phanfa Leelard Pier)

Wat Suthat

TEMPLE BOUDDHIQUE

2 Plan p. 44, E5

Gigantesque et très impressionnant, le Wat Suthat a également le plus haut statut royal pour un temple. L'intérieur de son *wí·hăhn* (salle accueillant une représentation du Bouddha) présente de délicates fresques des jataka (récits des vies antérieures du Bouddha) et le plus grand bouddha en bronze de Sukhothai qu'ait conservé la Thaïlande. De l'autre côté de la route, la **Sao Ching-Cha** ("Grande Balançoire") est une structure religieuse qui occupe le site d'une ancienne fête brahmanique en l'honneur de Shiva. (วัดสุทัศน ; Th Bamrung Meuang ; 20 B ; 8h30-20h30 ; bateau-bus jusqu'à Phanfa Leelard Pier)

Ban Baat

VILLAGE D'ARTISANS

3 Plan p. 44, F5

C'est le dernier survivant de trois villages fondés par Rama Ier. Les habitants de Ban Baat continuent de façonner au marteau, dans 8 morceaux d'acier représentant l'"octuple sentier" du Bouddha, les bols à aumônes dans lesquels les moines reçoivent les offrandes de nourriture. Les touristes sont leurs principaux clients : l'achat d'un bol vous vaudra généralement une démonstration. (บ้านบาตร, village du Bol du moine ; Soi Ban Baat ; entrée libre ; 8h-17h ; bateau-taxi jusqu'à Phanfa Leelard Pier)

Fort Phra Sumen et parc Santi Chai Prakan

FORT, PARC

4 Plan p. 44, C1

Carré de verdure avec vue sur le fleuve, aménagé sur le site d'une ancienne raffinerie de sucre, le parc Santi Chai Prakan est le théâtre d'une intense animation le soir, avec des cours d'aérobic assez réjouissants. La promenade au bord de l'eau, qui part vers le sud, est paisible. Le parc a pour monument principal le fort Phra Sumen, d'une blancheur immaculée, qui fut érigé en 1783 pour défendre la ville d'une invasion par le fleuve. (ป้อมพระสุเมรุ, สวนสันติชัยปราการ ; Th Phra Athit ; entrée libre ; 5h-21h ; Tha Phra Athit/ Banglamphu)

Wat Suthat

Wat Bowonniwet TEMPLE BOUDDHIQUE

5 Plan p. 44, D2

Ce monastère bénéficiant d'un statut royal accueille l'université bouddhique Mahamakut, mais est aussi le siège du Thammayut, un ordre de moines bouddhistes thaïlandais. Les fresques du *bòht* valent le coup d'œil, notamment des scènes de la vie en Occident au début du XIXe siècle. Malgré sa situation dans ce quartier très modeste, c'est dans ce temple que le roi actuel fut ordonné moine. Les règles vestimentaires sont très strictes. (วัดบวรนิเวศวิหาร ; www.watbowon.org ; Th Phra Sumen ; entrée libre ; 8h30-17h ; Tha Phra Athit/Banglamphu)

National Gallery MUSÉE

6 Plan p. 44, B3

Aménagée dans un ancien bâtiment colonial, qui abrita la Monnaie royale sous le règne de Rama V, l'exposition permanente de la National Gallery a un indéniable aspect vieillot et poussiéreux. Plus intéressantes, les expositions temporaires sont présentées dans les spacieuses galeries à l'arrière. Consultez sur la façade les affiches annonçant les expositions en cours. (พิพิธภัณฑสถานแหงชาติหอศิลป/หอศิลปเจาฟา ; ngbangkok.wordpress.com ; 4 Th Chao Fa ; 200 B ; 9h-16h mer-dim ; Tha Phra Athit/Banglamphu)

Wat Ratchanatdaram TEMPLE BOUDDHIQUE

7 Plan p. 44, F4

Construit dans les années 1840 pour Rama III (Phra Nang Khlao, 1824-1851), ce *wat* s'inspirerait des temples faits de métal bâtis en Inde et au Sri Lanka il y a plus de 2 000 ans. À l'arrière, un marché réputé vend des *prá krêu·ang* (amulettes) bouddhiques de formes et de styles très variés. (วัดราชนัดดาราม ; Th Mahachai ; entrée libre ; 8h-17h ; bateau-taxi jusqu'à Phanfa Leelard Pier)

Musée du roi Prajadhipok MUSÉE

8 Plan p. 44, F4

Une collection de photos anciennes et d'autres médias illustrent le destin plutôt dramatique de Rama VII (roi Prajadhipok ; 1925-1935), dernier monarque absolu de la Thaïlande. Ce musée occupe une majestueuse demeure néocoloniale érigée sur ordre de Rama V pour accueillir son tailleur londonien favori : ce fut la seule entreprise étrangère autorisée à s'installer sur la voie royale reliant les deux quartiers de palais de Bangkok. (พิพิธภัณฑ์พระบาทสมเด็จพระปกเกล้าเจ้าอยู่หัว ; www.kingprajadhipokmuseum.org ; 2 Th Lan Luang ; entrée libre ; 9h-16h mar-dim ; bateau-taxi jusqu'à Phanfa Leelard Pier)

Bon plan

Prenez le bateau !

La circulation est rude dans la vieille ville. Les bateaux – le ferry Chao Phraya Express Boat ou les bateaux-bus – sont lents, mais plus tranquilles pour rejoindre Banglamphu.

Mémorial du 14-Octobre MONUMENT

9 Plan p. 44, D3

Cet amphithéâtre rend hommage aux civils tués par l'armée lors d'une manifestation le 14 octobre 1973 : plus de 200 000 personnes étaient réunies autour du monument de la Démocratie, non loin, pour s'insurger contre l'arrestation de militants politiques et la dictature militaire. Des photographies attestent de la mort de plus de 70 manifestants. (อนุสรณ์สถาน ๑๔ ตุลา ; angle Th Ratchadamnoen Klang et Th Tanao ; entrée libre ; 24h/24 ; bateau-taxi jusqu'à Phanfa Leelard Pier)

Queen's Gallery MUSÉE

10 Plan p. 44, F4

Ce musée, financé par la monarchie, présente, sur les 5 étages d'un élégant édifice contemporain, des expositions d'art moderne aux influences traditionnelles, dont les auteurs appartiennent aux élites conservatrices du monde de l'art thaïlandais. Idées cadeaux et livres d'art à la boutique du musée. (www.queengallery.org ; 101 Th Ratchadamnoen Klang ; 30 B ; 10h-19h jeu-mar ; bateau-bus jusqu'à Phanfa Leelard Pier)

Centre d'art contemporain Ratchadamnoen CENTRE D'ART

11 Plan p. 44, F4

Ce vaste centre d'art contemporain étagé sur trois niveaux venait d'ouvrir lors de notre passage. Il devrait à l'avenir accueillir des expositions temporaires d'artistes thaïlandais et étrangers travaillant avec différents médias. (RCAC ; www.facebook.com/Ratchadamnone ; Th Ratchadamnoen Klang ; entrée libre ; 10h-19h mar-dim ; bateau-taxi jusqu'à Phanfa Leelard Pier)

Se restaurer

Krua Apsorn THAÏLANDAIS DU CENTRE $$

12 Plan p. 44, E4

Encensée par la presse, fréquentée par la famille royale, cette institution offre la meilleure introduction qui soit aux saveurs de Bangkok. Tout y est délicieux, mais les Bangkokiens adorent son "crabe sauté au piment" et son "omelette au crabe" façon *tortilla Española*. (www.kruaapsorn.com ; Th Din So ; plats 70-400 B ; 10h30-20h lun-sam ; bâteau-taxi jusqu'à Phanfa Leelard Pier)

Jay Fai THAÏLANDAIS DU CENTRE $$$

13 Plan p. 44, F5

Sa salle spartiate ne le laisse pas deviner, mais Jay Fai est réputé à des kilomètres à la ronde pour son *pàt kêe mow* (nouilles "de l'ivrogne" : de larges pâtes de riz sautées aux fruits de mer et aux aromates thaïlandais), le plus cher et sans doute le meilleur de Bangkok. Ses produits de la mer frais et sa technique de friture justifient le prix. Pas d'enseigne en caractères latins ; c'est juste en face du 7-eleven sur Th Mahachai. (327 Th Mahachai ; plats 180-1 000 B ; 15h-2h lun-sam ; bateau-taxi jusqu'à Phanfa Leelard Pier)

Likhit Kai Yang THAÏLANDAIS DU NORD-EST $$

14 Plan p. 44, G2

Ce vénérable restaurant situé juste derrière le stade Ratchadamnoen (évitez la succursale caverneuse qui jouxte carrément le stade) a la faveur des amateurs de boxe thaïlandaise qui apprécient sa cuisine du nord de la Thaïlande avant un match. Le sympathique propriétaire, qui parle anglais, pourra vous conseiller, mais ne manquez pas le délicieux "poulet rôti au charbon de bois" et aux herbes. Pas d'enseigne en caractères latins, mais une immense banière jaune. (près de Th Ratchadamnoen Nok ; plats 60-270 B ; 9h-21h ; bâteau-taxi jusqu'à Phanfa Leelard Pier)

100% bangkokien

Hip-hop à la sauce thaïe

Tous les soirs ou presque, spectacle assuré sur l'esplanade devant l'hôtel de ville de Bangkok, où des jeunes se retrouvent pour pratiquer leurs figures de break-dance.

Shoshana
ISRAÉLIEN $$

15 Plan p. 44, C2

C'est l'un des plus anciens restaurants israéliens de Khao San, et il pourrait ressembler au salon de vos grands-parents, avec sa décoration kitsch et ses sets de table en plastique. Vous ne serez jamais déçu par les fritures, la grande spécialité, et ne manquez pas le délicieux caviar d'aubergine bien aillé. (88 Th Chakraphatdi Phong ; plats 70-240 B ; 10h-minuit ; ; Tha Phra Athit/ Banglamphu)

Thip Samai
THAÏLANDAIS DU CENTRE $

16 Plan p. 44, F5

Au fond, vous le savez : les nouilles sautées que préparent les chariots de restauration sur Th Khao San n'ont qu'une lointaine parenté avec le vrai *pàt tai*. Heureusement, à moins de 5 minutes en túk-túk, Thip Samai mitonne les nouilles sautées les plus fameuses du coin. Fermé un mercredi sur deux. (313 Th Mahachai ; plats 50-250 B ; 17h-2h ; bateau-taxi jusqu'à Phanfa Leelard Pier)

À savoir

Un peu de toponymie

Banglamphu signifie "l'endroit des lamphu" (*lam·poo*) car ces arbres *(Duabanga grandiflora)* y étaient autrefois nombreux. Le dernier qui subsiste se trouve dans le parc Santi Chai Prakan (p. 46).

Roti-Mataba
THAÏLANDAIS MUSULMAN $

17 Plan p. 44, C1

Cette institution de Bangkok a peut-être un peu pris la grosse tête, mais sa cuisine thaïlandaise hallal reste savoureuse, avec des *roti*, du *gaang mát·sà·màn* (curry), un curry de poisson amer comme il faut, et des *má·đà·bà* (crêpes fourrées). Une salle climatisée, à l'étage, et des tables en terrasse complètent le lieu. (136 Th Phra Athit ; plats 17-111 B ; 9h-22h mar-dim ; ; Tha Phra Athit/Banglamphu)

Seven Spoons
INTERNATIONAL $$$

18 Plan p. 44, G3

Bois sombre, béton ciré, menu aux influences multiples, de Montréal au Maroc : on ne s'attendrait pas à voir un lieu aussi moderne et cosmopolite dans un quartier aussi ancien de Bangkok. Nombreux plats végétariens. (0 2629 9214, 08 4539 1819 ; sevenspoonsbkk.wordpress.com ; 22-24 Th Chakraphatdi Phong ; plats 160-580 B ; 11h-15h et 18h-1h mar-sam, 18h-1h dim ; ; bâteau-taxi jusqu'à Phanfa Leelard Pier)

Hemlock
THAÏLANDAIS $$

19 Plan p. 44, B2

Dans le cadre accueillant d'une *shophouse*, cette adresse prisée de longue date est assez stylée pour les grandes occasions : la carte très variée fait revivre des recettes anciennes sorties des cuisines des aristocrates de tout le pays. (56 Th Phra Athit ; plats 75-280 B ; 16h-minuit lun-sam ; ; Tha Phra Athit/Banglamphu)

Comprendre

Thanon Khao San

Th Khao San, plus connue sous le nom de Khao San Road, est une rue unique au monde : ici, dans Banglamphu, les voyageurs convergent en un melting-pot permanent. Ils sont soit sur le point de commencer un long périple, sac au dos, à travers l'Asie, soit en passe de renouer (avec plus ou moins d'enthousiasme) avec leur train-train quotidien. Nulle part ailleurs (hormis dans les aéroports) ne se côtoient des voyageurs de nationalités et d'âges aussi variés, du jeune bourlingueur au gentil couple de retraités sirotant son cocktail rituel.

Naissance d'une légende

Th Khao San, la "rue du riz cru", est aujourd'hui une star au firmament du voyage indépendant – mais ça n'a pas toujours été le cas. Durant ses deux premiers siècles d'existence, elle n'était qu'une artère du vieux Bangkok comme les autres. C'est en 1982 que sont apparues les premières pensions et, au fil des années 1980, à mesure qu'affluaient les globe-trotteurs, les vieilles maisons de bois furent transformées une à une en hébergements bon marché. Quand Alex Garland publie en 1997 son roman *La Plage*, dont les premières scènes se déroulent dans les recoins les plus miteux de Khao San, la rue est d'ores et déjà un passage obligé pour tous les voyageurs en vadrouille en Asie du Sud-Est.

La Khao San d'aujourd'hui

La Plage, puis son adaptation au cinéma, ont fait connaître Khao San Road au plus grand nombre, parant le sordide d'atours romantiques, et les voyageurs fréquentant le quartier d'une aura de néo-babas cool. Du même coup, les atouts et points faibles de la "rue du riz cru" sont devenus un sujet de conversation entre voyageurs : alors KSR, hype ou ringarde ? Étape incontournable d'un voyage "authentique", ou bien no-man's land insipide vivotant des derniers bahts de touristes occidentaux se gargarisant d'expériences "roots" ? Et, au fond, est-ce bien encore la Thaïlande ? Au-delà des clichés, cette rue sait incontestablement satisfaire toutes les envies du voyageur : un repas "comme à la maison" pour soigner son mal du pays, des cafés et des bars où échanger des bonnes adresses, des tailleurs, des tour-opérateurs, des instituts de blanchiment des dents, des librairies d'occasion, sans oublier ces incontournables vendeuses Akha harcelant le moindre passant dans l'espoir de vendre leurs grenouilles en bois.

100% bangkokien

Banglamphu pour les végétariens

La forte fréquentation touristique a fait naître à Banglamphu de nombreuses tables végétariennes. Outre le Hemlock (p. 50) et le Shoshana (p. 50), tous deux généreux pour les non-carnivores, voici quelques adresses :

Arawy Vegetarian Food (plan p. 44, E4 ; 152 Th Din So ; plats 20-40 B ; 7h-20h30 ; ; bâteau-taxi jusqu'à Phanfa Leelard Pier). Curries, sauces, légumes sautés : un vaste choix de plats préparés sans viande.

Thamna (175 Th Samsen ; plats 90-190 B ; 11h-15h et 17h-21h lun-sam ; ; Tha Phra Athit/Banglamphu). Des plats végétariens fusion qui raviront même les omnivores.

May Kaidee's (plan p. 44, D1 ; www.maykaidee.com ; 33 Th Samsen ; plats 50-100 B ; 9h-22h ; ; Tha Phra Athit/Banglamphu). Une table quasi institutionnelle, doublée d'une école de cuisine thaïlandaise végétarienne.

Nuttaporn THAÏLANDAIS $

20 Plan p. 44, C5

Voilà au moins 70 ans que cette *shophouse* croulante prépare la plus fameuse glace à la noix de coco de la ville – idéale pour rafraîchir le palais après un bol de nouilles thaïlandaises épicées. (94 Th Phraeng Phuthon ; plats à partir de 20 B ; 9h-16h lun-sam ; ; Tha Phra Athit/Banglamphu)

Marché Nang Loeng THAÏLANDAIS $

21 Plan p. 44, H3

Ce pittoresque marché qui date de 1899 offre un charmant aperçu du vieux Bangkok, sans parler de quelques savoureux curries thaïlandais et douceurs. (entre Soi 8-10, Th Nakhon Sawan ; plats 30-80 B ; 10h-14h lun-ven ; bâteau-taxi jusqu'à Phanfa Leelard Pier)

Escapade Burgers & Shakes AMÉRICAIN $$

22 Plan p. 44, B1

En matière de nourriture à l'américaine, l'Escapade montre que les Thaïlandais ont largement dépassé McDonald's. Faufilez vous dans cette minuscule *shophouse* pour ses burgers dégoulinants d'ingrédients comme le "toasted rice mayo" et ses milkshakes décadents. (112 Th Phra Athit ; plats 120-330 B ; 16h-minuit mar-dim ; Tha Phra Athit/Banglamphu)

Chote Chitr THAÏLANDAIS DU CENTRE $

23 Plan p. 44, C5

Dans une *shophouse*, ce restaurant de tout juste 6 tables est une institution culinaire depuis trois générations. La cuisine est inégale et le service toujours bougon, mais les bons jours, les *mèe gròrp* (nouilles sautées croustillantes) et la *yam tòo·a ploo* (salade de pois carrés) sont sans égal. (146 Th Phraeng Phuthon ; plats 30-200 B ; 11h-22h ; bateau-taxi jusqu'à Phanfa Leelard Pier)

Poj Spa Kar
THAÏLANDAIS DU CENTRE **$$**

24 Plan p. 44, D5

Dites *pôht sà·pah kahn* pour désigner ce qui, dit-on, serait le plus vieux restaurant de Bangkok, perpétuant les recettes transmises par un ancien cuisinier du palais. Goûtez l'omelette à la citronnelle, simple et succulente, et la *gaang sôm*, une souple traditionnelle du centre de la Thaïlande. (443 Th Tanao ; plats 65-200 B ; 12h30-20h30 ; bateau-taxi jusqu'à Phanfa Leelard Pier)

Khinlom Chom Sa-Phan
THAÏLANDAIS **$$**

25 Plan p. 44, D1

Vue sur la rivière et savoureuse cuisine à base de fruits de mer assurent son succès auprès des Bangkokiens. Réservez si vous voulez une table au bord de l'eau. (0 2628 8382 ; www.khinlomchomsaphan.com ; 11/6 Soi 3, Th Samsen ; plats 75-280 B ; 11h-2h ; Tha Phra Athit/Banglamphu)

Prendre un verre

Hippie de Bar
BAR

26 Plan p. 44, C3

Le meilleur bar de Banglamphu à nos yeux offre une ambiance rétro funky et des tables à l'intérieur et à l'extérieur, le tout sur une bande son indie pop qui change agréablement dans le quartier. Vous êtes là au beau milieu de Th Khao San, et pourtant il y a peu de visages étrangers : une bonne adresse pour se faire de nouveaux amis thaïlandais. (www.facebook.com/hippie.debar ; 46 Th Khao San ; 15h-2h ; Tha Phra Athit/Banglamphu)

Phra Nakorn Bar & Gallery
BAR

27 Plan p. 44, C3

À deux pas de Th Khao San mais loin de sa frénésie, Phra Nakorn Bar est pour bien des étudiants et des âmes d'artistes comme une deuxième maison, déco éclectique et expositions d'art en prime. Notre conseil : montez directement sur le toit et faites votre choix sur la carte de restauration thaïlandaise, bonne et peu coûteuse. (www.facebook.com/Phranakornbarandgallery ; 58/2 Soi Damnoen Klang Tai ; 18h-1h ; bateau-taxi jusqu'à Phanfa Leelard Pier)

The Club
NIGHT-CLUB

28 Plan p. 44, C3

Situé au milieu de Th Khao San, cette boîte aux allures caverneuses attire aussi bien les Thaïlandais que les routards. Droit d'entrée de 120 B les vendredis et samedis soir. (www.theclubkhaosan.com ; 123 Th Khao San ; 22h-2h ; Tha Phra Athit/Banglamphu)

Jham Jun
BAR

29 Plan p. 44, C1

Un bar typiquement thaïlandais : en terrasse sur le toit, une ambiance lounge décontractée, de la musique live et l'importance accordée à la nourriture. À quelques pas de Th Khao San. (sur le toit, Fortville Guesthouse, 9 Th Phra Athit ; 18h-1h ; Tha Phra Athit/Banglamphu)

100% bangkokien

Hors des sentiers battus

Si Th Khao San est surtout associée aux touristes étrangers, ces dernières années, le quartier est devenu en vogue auprès des jeunes noctambules de Bangkok. Si vous recherchez des adresses fréquentées surtout par des locaux, direction Th Phra Athit et ses pubs avec musique live.

Commé
BAR

30 Plan p. 44, B2

Avant même de le repérer à l'afflux de motos anciennes, le bruit émanant du Commé pourra vous y guider. Rendez-vous des hipsters, ce bar avec terrasse dans le style typique de Th Phra Athit est l'endroit où aller pour une soirée à la thaïlandaise bruyante et arrosée. (100/4-5 Th Phra Athit ; 18h-1h ; Tha Phra Athit/Banglamphu)

Rolling Bar
BAR

31 Plan p. 44, E2

Échapper à l'agitation de Th Khao San est une motivation suffisante pour marcher jusqu'à ce paisible bar au bord d'un canal. Musique live et en-cas salés donnent l'envie d'y rester.(Th Prachathipatai ; 17h-minuit ; bateau-taxi jusqu'à Phanfa Leelard Pier)

Post Bar
BAR

32 Plan p. 44, D1

"Boutique de prêteur sur gages chinois" : le thème du décor peut laisser rêveur, mais il est réussi. Les murs de cet étroit bar sont tapissés d'objets thaïlandais kitsch et rétro, la bande son est rock classique comme il se doit et la clientèle surtout thaïlandaise. (161 Th Samsen ; 19h-1h ; Tha Phra Athit/Banglamphu)

Sortir

Brick Bar
MUSIQUE LIVE

33 Plan p. 44, D3

Ce pub en sous-sol est une de nos adresses préférées pour des concerts à Bangkok : tous les soirs, des groupes locaux se succèdent devant des clients presque 100% thaïlandais – dont beaucoup finissent par danser sur les tables. L'endroit peut être incroyablement bondé : venez tôt pour avoir une table. (www.brickbarkhaosan.com ; sous-sol, Buddy Lodge, 265 Th Khao San ; 150 B sam-dim ; 19h-2h ; Tha Phra Athit/Banglamphu)

Stade Ratchadamnoen
BOXE THAÏLANDAISE

34 Plan p. 44, G2

C'est la plus ancienne et la plus vénérable enceinte sportive de Bangkok dédiée au *mou·ay tai* (ou *muay thai*, boxe thaïe) : matchs à 18h30 les lundis, mercredis, jeudis et dimanches. Achetez vos billets au guichet officiel, et non aux vendeurs à la sauvette qui rôdent au abords du stade. (Th Ratchadamnoen Nok ; billets 3e/2e classe/devant le ring 1 000/1 500/2 000 B ; bateau-taxi jusqu'à Phanfa Leelard Pier)

Comprendre

La boxe thaïlandaise

Connue officiellement sous le nom de Phahuyut (du pali-sanskrit *bhahu*, "bras", et *yodha*, "combat"), l'art martial ancestral du *mou·ay tai* (ou *muay thai*, boxe thaïlandaise) est l'un des emblèmes du royaume.

Une tradition ancestrale

Le *mou·ay tai* est, pour de nombreux amateurs d'arts martiaux, la forme de corps à corps sur un ring la plus efficace et la plus imbattable pratiquée de nos jours. Après la défaite des Siamois à Ayutthaya en 1767, plusieurs maîtres du *mou·ay boh·rahn* (l'ancêtre du *mou·ay tai* contemporain), faits prisonniers, sont emmenés en Birmanie. Quelques années plus tard, à l'occasion d'une fête, l'un de ces Siamois, Nai Khanom Tom, est désigné pour affronter plusieurs talentueux combattants birmans pour divertir le roi, mais aussi pour déterminer lequel des deux arts martiaux l'emporte sur l'autre. Il vainc neuf adversaires d'affilée, et, selon la légende, se voit alors offrir, en récompense, soit de l'argent, soit des beautés locales : le Thaïlandais choisit rapidement deux nouvelles épouses.

Le "*mou·ay tai*" aujourd'hui

Aux premiers temps de la boxe thaïlandaise, les combattants s'enveloppent les poings de crin de cheval, et de l'écorce de bois et des coquillages font office de coque pour protéger l'entrejambe. Tout cela n'empêche pas des taux de mortalité et de blessures très élevés, si bien que l'État thaïlandais décide, dans les années 1920, d'interdire le *mou·ay tai*. Bien vite, dans les années 1930, l'interdiction est levée et la discipline encadrée par de nouvelles réglementations : les matchs sont limités à 5 reprises de 3 minutes avec 2 minutes de repos entre chacune. Les adversaires doivent porter des gants et des shorts de style international, et leurs pieds sont bandés (aujourd'hui encore, ils ne portent pas de chaussures). Malgré ces nombreuses concessions à la sécurité, il reste permis, de nos jours, de frapper son adversaire à n'importe quel endroit du corps en utilisant, soi-même, n'importe quelle partie de son corps, hormis la tête. Les plus usités sont les coups de pied au cou, les coups de coude au visage et dans la tête, les lancers de genou dans les côtes et les frappes du pied dans les mollets. Le coup de poing est le moins noble de tous, et le coup de pied envisagé comme une simple façon d'"attendrir" l'adversaire. Dans la plupart des matchs, les frappes du genou et du coude sont souvent décisives.

Thanon Khao San (Khao San Rd ; p. 51)

Ad Here the 13th

MUSIQUE LIVE

35 Plan p. 44, D1

Près du Khlong Banglamphu/Khlong Rob Krung, cette adresse a tout du bon bar de quartier : de nombreux habitués, de la bière fraîche et un excellent groupe attitré qui joue dès 22h des morceaux qui réchauffent le cœur. Tout le monde se connaît, alors faites-vous des amis. (www.facebook.com/pages/Adhere-13th-blues-bar/97360378333 ; 13 Th Samsen ; 18h-minuit ; Tha Phra Athit/Banglamphu)

jazz happens!

MUSIQUE LIVE

36 Plan p. 44, B2

Lié à la plus fameuse école d'art de Thaïlande, jazz happens ! est une scène où se produisent les jeunes talents musicaux. Avec quatre artistes presque tous les soirs et tout un choix d'en-cas, on y passe un excellent moment. (www.facebook.com/JazzHappens ; 62 Th Phra Athit ; 19h-1h ; ; Tha Phra Athit/Banglamphu)

Shopping

Marché de Thanon Khao San

SOUVENIRS

37 Plan p. 44, C3

La légendaire rue des pensions de routards à Banglamphu est aussi un gigantesque bazar à ciel ouvert, où tout trouver, de jour comme de nuit : T-shirts bon marché, sacs à main dernier cri, grenouilles en bois, vêtements en chanvre, souvenirs, maïs grillé, jus d'orange, etc. Tout, on vous dit. (Th Khao San ; 10h-minuit ; Tha Phra Athit/Banglamphu)

Nittaya Curry Shop ÉPICERIE

38 Plan p. 44, C2

Laissez-vous guider par votre odorat : Nittaya est célèbre dans toute la Thaïlande pour ses pâtes de curry relevées et de grande qualité. Choisissez deux ou trois bocaux en vue de vos prochains dîners, ou bien musardez dans les rayons en-cas et cadeaux, où les Thaïlandais de passage à Bangkok font le plein de spécialités à rapporter à leurs amis en province. (136-40 Th Chakraphatdi Phong ; 9h-19h lun-sam ; Tha Phra Athit/Banglamphu)

Taekee Taekon ARTISANAT

39 Plan p. 44, B1

Cette échoppe pleine de charme propose un bon choix de textiles venus des grandes régions séricicoles du pays, en particulier du Nord, ainsi qu'une gamme de bibelots et de cartes postales comme on n'en voit guère ailleurs. (118 Th Phra Athit ; 9h-18h lun-sam ; Tha Phra Athit/Banglamphu)

100% bangkokien

Ils sont beaux, mes bouddhas

C'est l'une des plus vieilles rues de Bangkok, et, à l'origine, une voie qu'empruntaient les éléphants pour rejoindre le Grand Palais. Mais aujourd'hui, **Thanon Bamrung Meuang** (plan p. 44, E5), entre Th Mahachai et Th Tanao, est surtout bordée d'échoppes proposant toutes sortes d'articles religieux bouddhiques. Dans les arrière-boutiques, les ateliers fabriquent des bouddhas géants en bronze pour les wát de tout le pays. Certes vous n'avez sans doute pas besoin d'une statue du Bouddha ou de celle d'un illustre moine grandeur nature, mais c'est amusant à regarder (et ça ne peut pas faire de mal à votre karma).

Les incontournables
Parc Dusit

Comment y aller

S BTS Phaya Thai sortie 2 et taxi

Ferry fluvial Tha Thewet

De son premier voyage en Europe, en 1897, Rama V (Chulalongkorn, 1868-1910) rentra au pays la tête remplie d'images de châteaux et entreprit de s'inspirer de ces lointains styles architecturaux pour en créer une forme thaïlandaise : ce fut le parc Dusit. Le palais royal, la salle du trône et d'autres résidences de la famille royale furent tous déplacés ici et complétés par des institutions dédiées aux beaux-arts et de majestueuses demeures victoriennes. Le résultat offre un fascinant patchwork architectural, entouré de vastes jardins qui font un antidote bienvenu au chaos du Bangkok moderne.

Palais Vimanmek, construit en teck

À ne pas manquer

Palais Vimanmek

Bâti en 1868 sur l'île de Ko Si Chang puis installé à son emplacement actuel en 1910, le palais Vimanmek, avec ses 81 pièces, salles et antichambres, serait la plus grande demeure en teck au monde, construite, dit-on, sans aucun clou. Obligatoires et d'une durée d'une heure environ, les visites guidées (en anglais) partent toutes les demi-heures de 9h45 à 15h15.

Salle du trône Abhisek Dusit

Le style des palais mauresques et celui des demeures victoriennes ont marqué de leur influence cette construction raffinée, où portiques et bois chantourné prennent des airs thaïlandais. La salle expose des collections d'artisanat régional réalisé par des membres d'une organisation caritative soutenue par la reine Sirikit.

Musée des Éléphants royaux

Près de l'entrée par Th U Thong Nai, deux étables accueillaient jadis trois éléphants blancs – les individus albinos étant de bon augure appartiennent automatiquement à la Couronne. La première donne aujourd'hui à voir des objets illustrant l'importance de l'éléphant dans l'histoire de la Thaïlande et la hiérarchie établie entre les animaux en fonction de leurs qualités physiques. La deuxième étable, elle, abrite une sculpture d'un éléphant blanc royal toujours en vie.

À voir aussi

Près de l'entrée par Th Ratchawithi, deux salles sont dédiées aux **HM King Bhumibol Photography Exhibitions**, une collection de photos et de peintures réunie par le roi actuel. Le **musée des Tissus anciens** conserve un bel ensemble de soieries et de cotonnades traditionnelles.

วังสวนดุสิต

0 2628 6300

Entre Th Ratchawithi, Th U Thong Nai et Th Ratchasima

Tarif plein/enfant 100/20 B, entrée libre avec le billet du Grand Palais

9h30-16h mar-dim

À savoir

- Entrée libre sur présentation du billet d'entrée (du jour) au Wat Phra Kaew et au Grand Palais (p. 24).
- Bras et jambes couverts (manches longues, pantalon ou jupe longue) de rigueur.

Une petite faim ?

Pour un déjeuner bon et pas cher au bord du fleuve, direction **Kaloang Home Kitchen** (Th Si Ayuthaya ; plats 60-170 B ; 11h-23h ; Tha Thewet). Sinon, une petite marche vous sépare d'une annexe du **Krua Apsorn** (www.kruaapsorn.com ; 503-505 Th Samsen ; plats 65-350 B ; 10h30-19h30 lun-ven, jusqu'à 18h sam ; ; Tha Thewet).

Chinatown

Bien que ses habitants soient thaïlandais depuis des générations, le Chinatown de Bangkok a encore tout d'une ville chinoise. Restaurants de nouilles et de *dim sum*, boutiques de jade et d'or jaune clinquantes et néons clignotants en caractères chinois abondent dans les rues. C'est le quartier le plus vivant de Bangkok et, par là même, un endroit où il fait bon se perdre.

L'essentiel en un jour

Démarrez votre journée assez tôt pour arriver avant les cars de tourisme devant l'immense Bouddha d'Or du **Wat Traimit** (p. 62). Vous traverserez ensuite la frénésie des étals de rue du **Talat Mai** (p. 67) pour rejoindre le labyrinthe de style chinois qu'est le **Wat Mangkon Kamalawat** (p. 68).

Un taxi, ou une balade, vous conduira jusqu'à **Phahurat** (p. 68), le quartier indien de Bangkok, où vous pourrez déjeuner au **Royal India** (p. 72) et, si l'appétit est encore là, vous offrir un dessert à l'**Old Siam Plaza** (p. 72).

En début de soirée, Chinatown s'anime de nouveau : c'est l'heure idéale pour retourner dans le quartier suivre notre promenade gourmande. Après dîner, allez contemplez l'étonnante vue sur Mae Nam Chao Phraya depuis le bar sur le toit **River Vibe** (p. 73). Les couche-tard enchaîneront, à toute heure de la nuit, par une flânerie sur le marché aux fleurs de **Pak Khlong Talat** (p. 67).

Pour un festin local dans Chinatown, voir p. 64.

Les incontournables

Wat Traimit (Bouddha d'Or ; p. 62)

100% bangkokien

Papilles en fête à Chinatown (p. 64)

Le meilleur du quartier

Temples

Wat Traimit (Bouddha d'Or ; p. 62)

Wat Mangkon Kamalawat (p. 68)

Cuisine de rue

Khun Yah Cuisine (p. 72)

Nay Hong (p. 72)

Nai Mong Hoi Thod (p. 64)

Stands de fruits de mer de Th Phadungdao (p. 65)

Jék Pûi (p. 65)

Mangkorn Khŏw (p. 65)

Marchés

Pak Khlong Talat (p. 67)

Talat Mai (p. 67)

Comment y aller

MRT Hua Lamphong.

Ferry fluvial Tha Marine Department, Tha Ratchawong et Tha Saphan Phut/Memorial Bridge.

Les incontournables
Wat Traimit (Bouddha d'Or)

Le Wat Traimit, aussi connu sous le nom de temple du Bouddha d'Or, sert d'écrin à la plus grande statue en or qui exite dans le monde : un étincelant Bouddha de 5,5 tonnes et 3 m de haut, au passé mystérieux, dont la valeur aujourd'hui est inestimable. Sculptée dans le gracieux style Sukhothai, la statue daterait du XIIIe siècle – mais qui sait combien de vies antérieures elle a connues ?

วัดไตรมิตร, Temple du Bouddha d'Or

Plan p. 66, D3

Th Mitthaphap/Th Traimit

40 B

8h-17h

Tha Ratchawong, M Hua Lamphong sortie 1

À ne pas manquer

Bouddha d'Or

Cette statue en or de l'Éveillé est le fleuron du Wat Traimit. Placée au 4e étage de l'imposant édifice de marbre du temple, elle fut “découverte” il y a une soixantaine d'années sous un revêtement de stuc, ou de plâtre, qui se brisa lors de son déplacement par un engin de levage. Le revêtement aurait été ajouté pour la protéger des voleurs.

Phra Maha Mondop

Ce bâtiment a été construit en 2009 pour accueillir la statue du Bouddha. Associant marbre, balustrades de style chinois et toit très incliné à la thaïlandaise, il est l'un des points culminants de Chinatown, et sa flèche dorée est visible de loin. Il est entouré d'une étroite bande de pelouse arrosée par brumisation, et des constructions habituelles dans un temple thaïlandais.

Yaowarat Chinatown Heritage Center

Au 2e niveau du Phra Maha Mondop, ce **musée** (100 B ; 8h-17h mar-dim), assez modeste mais séduisant, présente des expositions multimédias sur l'immigration chinoise en Thaïlande, et sur l'histoire de la Chinatown de Bangkok et de ses habitants. On apprécie en particulier les dioramas miniatures sur la culture sino-thaïlandaise.

Exposition Phra Buddha Maha Suwanna Patimakorn

Extension du Yaowarat Chinatown Heritage Center, cette **exposition**, au 3e niveau, retrace la fabrication, la découverte et l'installation de cette statue du Bouddha au Wat Traimit. Si vous vous êtes toujours demandé comment on fabrique (et déplace) une statue en or de 5,5 tonnes, toutes les réponses sont là.

À savoir

- Le Wat Traimit est à quelques minutes de marche de la station de métro (MRT) Hua Lamphong.
- Ne passez pas à côté des deux intéressants musées – fermés le lundi – situés dans la même construction que le Bouddha d'Or.

Une petit faim ?

Dans le même complexe, juste à l'est de la statue du Bouddha, une structure couverte, que rien ne signale, abrite la Khun Yah Cuisine (p. 72), sans prétention, mais qui fait d'excellents plats de nouilles et curries thaïlandais du Centre. Il n'y a pas de carte : il suffit de montrer ce qui vous tente, et de venir avant midi.

100% bangkokien
Promenade gourmande à Chinatown

Chinatown est une ode à la cuisine de rue, et donc l'endroit idéal pour un parcours gastronomique. Si de nombreux stands sont ouverts tard, les plus prisés sont vite dévalisés : c'est de 19h à 21h que le moment est le plus propice. Ne vous lancez pas dans cet itinéraire le lundi, la plupart des stands étant alors fermés. Notez que beaucoup n'ont pas d'enseigne en alphabet latin.

❶ Nai Mong Hoi Thod

La balade commence au croisement entre Th Plaeng Nam et Th Charoen Krung : en marchant vers le nord sur Th Phlap Phla Chai, vous tomberez sur **Nai Mong Hoi Thod** (539 Th Phlap Phla Chai ; plats 50-70 B ; 17h-22h mar-dim ; Tha Ratchawong, M Hua Lamphong sortie 1 et taxi), réputé pour ses délicieuses *or sòo·an* (moules ou huîtres frites en beignet).

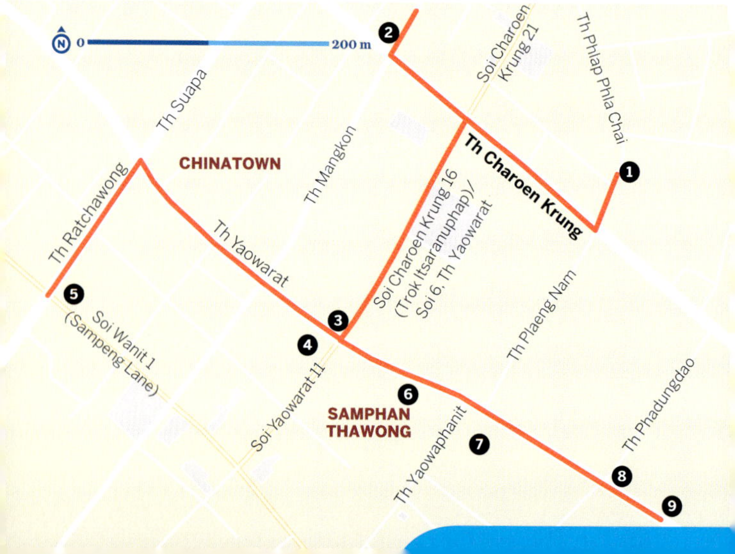

❷ Jék Pûi

Retournez sur vos pas pour rejoindre Th Charoen Krung et prenez à droite et, au niveau de Th Mangkon, encore à droite. À votre gauche, le stand **Jék Pûi** (เจ๊กปุ๋ย ; Th Mangkorn ; plats à partir de 30 B ; 16h-20h mar-dim ; Tha Ratchawong, M Hua Lamphong sortie 1 et taxi) est réputé pour ses curries.

❸ Gŏo·ay đĕe·o kôo·a gài

Revenez de nouveau sur Th Charoen Krung et prenez à gauche vers l'est, jusqu'au Soi 16 (aussi appelé Trok Itsaranuphap). Au bout de cette ruelle, on trouve des **gŏo·ay đĕe·o kôo·a gài** (Soi 6, Th Yaowarat ; plats à partir de 30 B ; 17h-22h mar-dim ; Tha Ratchawong, M Hua Lamphong sortie 1 et taxi), de grosses nouilles de riz sautées dans de l'huile aillée avec du poulet et un œuf.

❹ Nay Lék Ûan

Dans Th Yaowarat, traversez pour entrer dans le marché installé en face. **Nay Lék Ûan** (นายเล็กอ้วน ; Soi Yaowarat 11 ; plats à partir de 40 B ; 17h-minuit ; Tha Ratchawong, M Hua Lamphong sortie 1 et taxi), le premier stand sur la droite, vend du *gŏo·ay jáp nám săi* un bouillon épais et poivré aux nouilles et abats de porc.

❺ Phat Thai Ratchawong

Continuez vers l'ouest dans Th Yaowarat pour prendre à gauche Th Ratchawong, où **Phat Thai Ratchawong** (Th Ratchawong ; plats à partir de 30 B ; 19h-23h mar-dim ; Tha Ratchawong, M Hua Lamphong sortie 1 et taxi), sert un *pàt tai* sauté au charbon de bois et servi dans des bols en feuille de bananier.

❻ Mangkorn Khŏw

Revenez par Th Yaowarat jusqu'à l'angle de Th Yaowaphanit : là vous attend **Mangkorn Khŏw** (angle Th Yaowarat et Th Yaowaphanit ; plats à partir de 40 B ; 17h-23h mar-dim ; Tha Ratchawong, M Hua Lamphong sortie 1 et taxi), un stand qui vend des *bà·mèe,* des nouilles de blé au crabe ou au porc grillé.

❼ Boo·a loy nám kĭng

Voisin du Mangkorn Khŏw, un **stand** (angle Th Yaowarat et Th Yaowaphanit ; plats à partir de 30 B ; 17h-23h mar-dim ; ; Tha Ratchawong, M Hua Lamphong sortie 1 et taxi) sans enseigne prépare de bons *boo·a loy nám kĭng* (raviolis à la pâte de sésame servis dans un bouillon au gingembre).

❽ Étals de fruits de mer de Th Phadungdao

Traversez Th Yaowarat et continuez vers l'est jusqu'au croisement avec Th Phadungdao ; à ce carrefour se trouvent **Lek & Rut et T&K** (angle Th Phadungdao et Th Yaowarat ; plats 100-600 B ; 16h-minuit mar-dim ; Tha Ratchawong, M Hua Lamphong sortie 1 taxi), deux stands de fruits de mer très prisés.

❾ Cotton

Continuez Th Yaowarat vers l'est jusqu'à l'hôtel Shanghai Mansion, qui abrite, au 2e niveau, **Cotton** (www.cotton.shanghaimansion.com ; 2e ét, Shanghai Mansion, 479-481 Th Yaowarat; musique live 18h30-22h30 ; Tha Ratchawong, M Hua Lamphong sortie 1 et taxi), un bar de jazz (agréablement climatisé) où terminer la soirée.

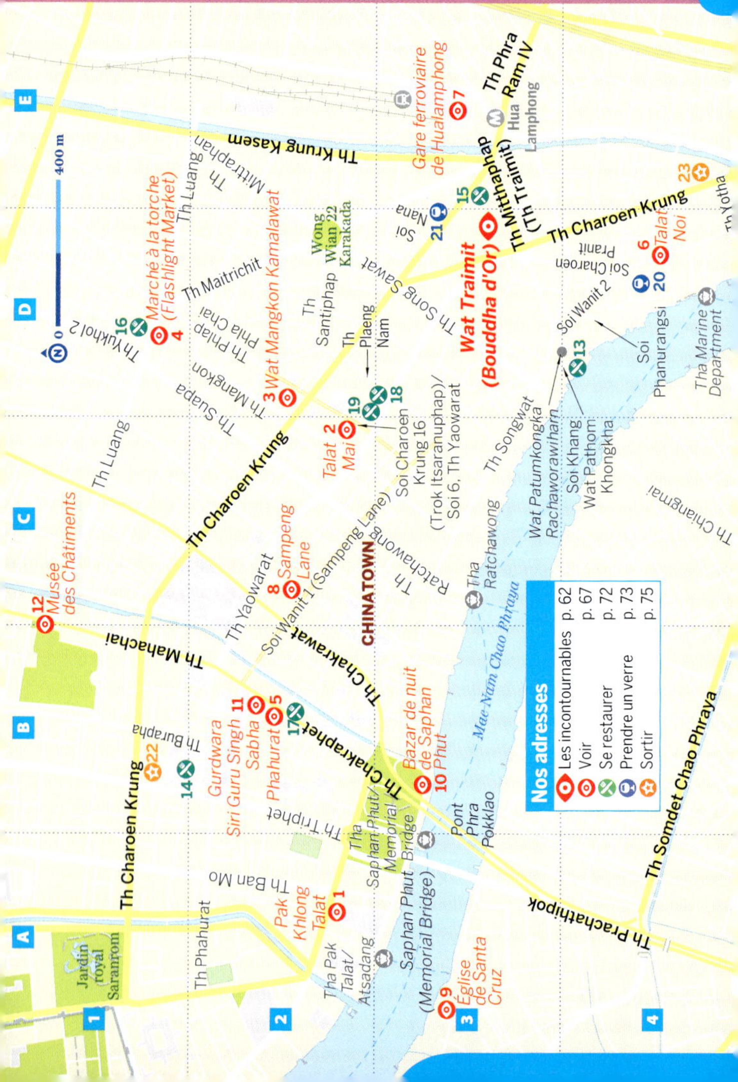

Nos adresses
Les incontournables p. 62
Voir p. 67
Se restaurer p. 72
Prendre un verre p. 73
Sortir p. 75
0
400 m
Wat Traimit (Bouddha d'Or)
Gare ferroviaire de Hualamphong 7
Marché à la torche (Flashlight Market) 4
3 Wat Mangkon Kamalawat
Talat Mai 2
8 Sampeng Lane
12 Musée des Châtiments
Gurdwara Siri Guru Singh Sabha 11
Phahurat 5
Bazar de nuit de Saphan Phut 10
Pak Khlong Talat 1
9 Église de Santa Cruz
6 Talat Noi
CHINATOWN
Jardin royal Saranrom
Th Charoen Krung
Th Krung Kasem
Th Yaowarat
Th Chakrawat
Th Chakraphet
Th Mahachai
Th Luang
Th Mitthaphap (Th Traimit)
Th Phra Ram IV
Hua Lamphong
Th Songwat
Th Song Sawat
Th Ratchawong
Th Phahurat
Th Ban Mo
Th Triphet
Th Buranpha
Th Prachathipok
Th Somdet Chao Phraya
Th Chiangmai
Th Yotha
Th Maitrichit
Th Mangkon
Th Suapa
Th Phlap Phla Chai
Th Yukhon 2
Th Mittraphan
Th Santiphap
Th Plaeng Nam
Wong Wian 22 Karakada
Soi Nana
Soi Charoen Krung 16 (Trok Itsaranuphap)/ Soi 6, Th Yaowarat
Soi Wanit 1 (Sampeng Lane)
Soi Wanit 2
Soi Charoen Phanit
Soi Phanurangsi
Soi Khang Wat Pathom Khongkha
Wat Patumkongka Rachaworawiharn
Tha Ratchawong
Tha Marine Department
Tha Pak Talat/ Atsadang
Saphan Phut (Memorial Bridge)
Tha Saphan Phut/ Memorial Bridge
Pont Phra Pokklao
Mae Nam Chao Phraya
13 14 15 16 17 18 19 20 21 22 23
A B C D E
1 2 3 4

IGOR BILIC / GETTY IMAGES ©

Pak Khlong Talat

Voir

Pak Khlong Talat

MARCHÉ

1 Plan p. 66, A2

Allez vous promener tard dans la soirée quand ce marché de fruits et légumes se transforme en négoce de fleurs en gros. Les magasiniers, torse nu, véhiculent des montagnes d'orchidées, des piles de roses ou des brassées d'œillets, de lotus et de marguerites. Au moment de la rédaction, l'intérieur du marché était en cours de rénovation, mais la partie extérieure n'était apparemment pas affectée. (ปากคลองตลาด, marché aux fleurs ; Th Chakraphet ; 24h/24 ; Tha Saphan Phut/Memorial Bridge)

Talat Mai

MARCHÉ

2 Plan p. 66, C2

Pénétrez jusque dans les plus fameuses ruelles des entrailles de Chinatown, là où l'on vend des produits séchés, des filets de poissons et où les bacs débordent d'aliments insolites. Le bouquet final (au nord de Th Charoen Krung) de cette *soi* (ruelle) se compose de stands dédiés aux funérailles, avec nombre d'offrandes et de "passeports pour le paradis", dont des iPhone en papier et des voitures en carton essentiels pour accompagner ses proches dans l'au-delà. (ตลาดใหม่ ; Soi Charoen Krung 16, Trok Itsaranuphap/Soi 6, Th Yaowarat ; 6h-19h ; Tha Ratchawong, M Hua Lamphong sortie 1 et taxi)

100% bangkokien

Baguettes de divination

Dans les temples chinois, vous verrez les fidèles secouer des pots contenant des baguettes appelées *see·am see*. Vous pouvez en faire autant : quand une baguette tombe au sol, regardez son numéro et trouvez le papier correspondant : vous y lirez (en thaï, chinois ou anglais) un avis, non sans intérêt, sur votre avenir.

Wat Mangkon Kamalawat

TEMPLE BOUDDHIQUE

3 Plan p. 66, D2

Caverneuses, les salles des sermons de ce temple chinois très actif, récemment rénové, renferment des sanctuaires bouddhiste, taoïste et confucianiste. Tous les ans, les activités religieuses et culinaires de la grande fête végétarienne (p. 73) se déroulent ici. Mais toute l'année, presque jour et nuit, des fidèles vont et viennent dans ce lieu de culte, allumant de l'encens, remplissant d'huile les lampes d'autel ou déposant des offrandes à leurs ancêtres. (วัดมังกรกมลาวาส ; angle Th Charoen Krung et Th Mangkon ; entrée libre ; 6h-18h ; Tha Ratchawong, M Hua Lamphong sortie 1 et taxi)

Marché à la torche

MARCHÉ

4 Plan p. 66, D1

Ses étals investissent les rues à l'ouest du carrefour de Phlap Phla Chai, déposant sur les trottoirs des trésors d'antiquités et de brocante, mais aussi de l'authentique camelote. Dans ce marché dit de Khlong Thom, ou "Flashlight Market", l'animation est à son comble le samedi soir – et il faut alors une lampe-torche (*flashlight*) pour examiner les articles. (ตลาดไฟฉาย ; angle Th Phlap Phla Chai et Th Luang ; 5h sam–17h dim ; Tha Ratchawong, M Hua Lamphong sortie 1 et taxi)

Phahurat

QUARTIER

5 Plan p. 66, B2

De nombreux commerçants venus du sous-continent indien ont ouvert boutique dans cette Little India, petite et très animée. On y trouve de tout, des DVD de Bollywood aux douceurs du Pendjab vendus par des marchands à la petite semaine. Le cœur de l'action se situe le long du soi sans nom adjacent à l'India Emporium. Phahurat est aussi réputé pour ses textiles : tenues bollywoodiennes, costumes de danses traditionnelles thaïes, tiares, sequins, perruques et autres. (พาหุรัด ; Th Chakraphet ; 9h-17h ; Tha Saphan Phut/Memorial Bridge)

Talat Noi

QUARTIER

6 Plan p. 66, D4

Cet entrelacs de soi porte le nom d'un petit *(nóy)* marché installé le long de Soi Wanit 2, entre Th Yotha et Soi Phanurangsi. En flânant par ici, vous découvrirez des ruelles labyrinthiques où la vue plonge tour à tour sur le salon d'un particulier, des temples chinois, des stands de nouilles et des garages.

C'est aussi l'un des meilleurs quartiers durant la fête végétarienne annuelle (p. 73). (ตลาดน้อย ; Soi Wanit 2 ; 7h-19h ; Tha Marine Department)

Gare de Hualamphong MONUMENT

7 Plan p. 66, E3

Aux confins sud-est de Chinatown, Hualamphong, principale gare ferroviaire de Bangkok, fut bâtie par des architectes italiens de 1910 à 1916. Remarquez l'immense charpente métallique en voûte et le portique néoclassique, deux prouesses architecturales à l'époque. (สถานีรถไฟหัวลำโพง; Th Phra Ram IV ; M Hua Lamphong sortie 2)

Sampeng Lane MARCHÉ

8 Plan p. 66, C2

Sampeng Lane (Soi Wanit 1 de son nom officiel) est une étroite et pittoresque ruelle parallèle à Th Yaowarat qui coupe les quartiers commerçants de Chinatown et de Phahurat. La zone est bordée de magasins de gros vendant du "Made in China", des accessoires de coiffure aux stylos et autocollants, en passant par les objets de maison et toutes sortes de gadgets qui bipent et clignotent. (สำเพ็ง; Soi Wanit 1 ; 8h-18h ; Tha Ratchawong, M Hua Lamphong sortie 1 et taxi)

Église de Santa Cruz ÉGLISE

9 Plan p. 66, A3

Des siècles avant que Sukhumvit ne devienne le grand quartier international de Bangkok, les Portugais assirent leur domination parmi les *fa·ràng* (Occidentaux) en érigeant à Thornburi, au XVIIIe, une église catholique. L'église de Santa Cruz actuelle date de 1913. Les rues qui partent de sa cour principale ont des airs de village : dans Soi Kuti Jiin 3, des maisons vendent des pâtisseries et douceurs d'inspiration portugaise. (โบสถ์ซางตาครู้ส; Soi Kuti Jiin ; entrée libre ; 7h-12h sam-dim ; Tha Pak Talat/Atsadang)

Bazar de nuit de Saphan Phut MARCHÉ

10 Plan p. 66, B3

Sur la rive côté Bangkok du Saphan Phut (Memorial Bridge), ce marché de nuit moins connu offre pléthore de vêtements bon marché, de quoi grignoter tard et un fascinant spectacle

À savoir

Comment lire une adresse

- Le mot thaï *tà·nŏn* (généralement écrit thanon) signifie route, rue ou avenue. La rue Yaowarat s'appelle donc Thanon (Th) Yaowarat en thaï.
- Un *soi* est une ruelle ou une venelle qui part d'une plus grande rue. Ainsi 48 Soi 6, Th Yaowarat veut dire que l'adresse se trouve au numéro 48 de Soi 6 qui donne dans Th Yaowarat. Adresse qui peut aussi s'écrire 48 Th Yaowarat Soi 6, ou même 48 Soi Yaowarat 6.

NALINE CHANG / GETTY IMAGES ©

Gurdwara Siri Guru Singh Sabha

de rue. (ตลาดนัดสะพานพุทธ; Th Saphan Phut ; 20h-minuit mar-dim ; Tha Saphan Phut/Memorial Bridge)

Gurdwara Siri Guru Singh Sabha TEMPLE

11 Plan p. 66, B2

Près de Th Chakrawat se dresse le dôme doré de ce temple sikh qui serait l'un des plus grands hors d'Inde. La *prasada* (nourriture bénie offerte aux fidèles d'un temple hindou ou sikh) est distribuée tous les matins vers 9h, et lors des fêtes sikhes, vous pourrez partager le *langar* (repas collectif) servi dans le temple. (พระศาสนสถานคุรุดวารา ;Th Chakraphet ; entrée libre ; 9h-17h ; Tha Saphan Phut, Memorial Bridge)

Musée des Châtiments MUSÉE

12 Plan p. 66, C1

Installé dans une ancienne prison, ce musée met en scène, avec des maquettes grandeur nature, les différents types de châtiments et modes d'exécution pratiqués en Thaïlande. Une terrible vision qui a de quoi inciter les visiteurs à respecter strictement la loi durant leur séjour. (พิพิธภัณฑราชทัณฑ; 436 Th Mahachai ; entrée libre ; 9h-16h lun-ven ; bateau-taxi jusqu'à Phanfa Leelard Pier)

Comprendre

L'influence chinoise

Par de nombreux aspects, Bangkok est aussi chinoise que thaïlandaise. La présence chinoise est même antérieure à la fondation de la ville, lorsque Thonburi Si Mahasamut n'était qu'un petit avant-poste chinois sur le Chao Phraya. Dans les années 1780, lors de la construction de la nouvelle capitale sous Rama Ier, des Chinois Hokkien, Teochiew et Hakka furent embauchés comme coolies et ouvriers. Ces derniers, ainsi que les entrepreneurs chinois, furent ensuite installés dans les quartiers de Yaowarat et Sampeng, qui forment l'actuelle Chinatown.

Un enracinement commercial

Sous le règne de Rama Ier, de nombreux Chinois s'enrichirent, contrôlant de nombreux commerces et entreprises de Bangkok. Ils déclenchèrent, grâce au resserrement des liens commerciaux avec leur pays d'origine, une formidable expansion de l'économie en Thaïlande. Dans les années 1820, les Européens de passage s'étonnaient ainsi du nombre de navires de commerce chinois sur le Chao Phraya, allant pour certains jusqu'à croire les Chinois majoritaires à Bangkok.

Une nouvelle aristocratie

La prospérité de certaines familles commerçantes originaires de Chine leur permit de former l'une des premières élites thaïlandaises sans lien direct avec la monarchie. Appelés *jôw sŏo·a,* ces "seigneurs marchands" poursuivirent leur ascension en acceptant des postes officiels et des titres aristocratiques, mais aussi en mariant leurs filles à des membres de la famille royale. Rama V (Chulalongkorn, 1868-1910) eut ainsi un temps une épouse chinoise. On estime aujourd'hui que plus de la moitié de la population actuelle de Bangkok a des origines chinoises.

Fusion des cultures

Sous Rama III (Phra Nang Khlao, 1824-1851), la capitale thaïlandaise s'imprégna de nombreux éléments de la culture chinoise : cuisine, architecture, mode, littérature. L'influence grandissante de la culture chinoise associée à la multiplication des unions sino-thaïlandaises a fait qu'au milieu du XXe siècle, il devenait difficile de différencier de nombreux Chinois de leurs voisins siamois.

Se restaurer

Samsara
NIPPO-THAÏLANDAIS **$$**

13 Plan p. 66, D4

Plats japonais et thaïlandais, bières belge, ambiance rétro/bohême font du Samsara le restaurant le plus éclectique de Chinatown. Mieux encore, tout est délicieux, avec en prime la vue sur la rivière et la brise. Le restaurant se trouve presque au bout de la petite Soi Khang Wat Pathum Khongkha, juste à l'ouest du temple éponyme. (Soi Khang Wat Pathum Khongkha ; plats 110-320 B ; 16h-minuit mar-jeu, 16h-1h ven-dim ; ; Tha Ratchawong, M Hua Lamphong sortie 1 et taxi)

Old Siam Plaza
DOUCEURS **$**

14 Plan p. 66, B1

Les accros au sucre ne feront pas l'impasse sur cette adresse : le rez-de-chaussée de ce centre commercial offre une véritable corne d'abondance de friandises et autres en-cas thaïlandais, le plus souvent préparés devant vous. (angle Th Phahurat et Th Triphet ; plats 30-90 B ; 6h-19h ; Tha Saphan Phut/Memorial Bridge)

À savoir

Relâche

La plupart des étals de nourriture de Bangkok sont fermés le lundi : ne prévoyez donc pas de manger ce jour-là à Chinatown, où la cuisine de rue domine.

Khun Yah Cuisine
THAÏLANDAIS DU CENTRE **$**

15 Plan p. 66, E3

Juste à l'est du Bouddha d'Or, dans la même enceinte, cet endroit est idéal pour déjeuner après la visite du Wat Traimit. Curries, sauces ou plats sautés, dans l'esprit du centre de la Thaïlande, sont tous délicieusement parfumés. Mais venez tôt, passé midi de nombreux plats sont déjà épuisés. Pas d'enseigne en caractères latins. (près de Th Mitthaphap/Traimit ; plats à partir de 40 B ; 6h-13h30 lun-ven ; Tha Ratchawong, M Hua Lamphong sortie 1)

Nay Hong
SINO-THAÏLANDAIS **$**

16 Plan p. 66, D1

Nay Hong n'a l'air de rien mais propose les meilleures nouilles frites de Bangkok. Il fait des *gŏo·ay đĕe·o kôo·a gài*, des nouilles de riz plates sautées dans l'huile aillée avec du poulet et un œuf. Après le croisement Th Sua Pa/Th Luang, continuez vers le nord, puis tournez dans la première ruelle à droite ; Nay Hong se trouve au bout de cette minuscule voie. (près de Th Yukol 2 ; plats 35-50 B ; 16h-22h ; Tha Ratchawong, M Hua Lamphong sortie 1 et taxi)

Royal India
INDIEN **$$**

17 Plan p. 66, B2

Une salle de 10 tables, sans fenêtre, au fond d'une venelle sombre : sur le papier, ce n'est certainement pas l'adresse de rêve pour un déjeuner. Mais en fait ce légendaire restaurant d'Inde du Nord séduit les palais les plus exigeants : choisissez n'importe lequel des pains et des curries proposés, tous délicieux, et terminez en beauté par un dessert du Pendjab fait maison. (392/1 Th Chakraphet ; plats 70-350 B ; 10h-22h ; ; Tha Saphan Phut/Memorial Bridge)

Hoon Kuang

SINO-THAÏLANDAIS $

18 Plan p. 66, D3

Établi de longue date dans le quartier, ce restaurant sans prétention sert la cuisine de rue de Chinatown dans une salle confortable et climatisé. Toutes les spécialités sont affichées sur la porte, mais il serait vraiment dommage de manquer le "curry de crevettes aux nouilles de riz plates", qui combine deux plats sino-thaïlandais – crevettes au curry et nouilles sautées. Une association rare et délicieuse ! (381 Th Yaowarat ; plats 100-200 B ; 11h-19h45 lun-sam ; Tha Ratchawong, M Hua Lamphong sortie 1 et taxi)

Hua Seng Hong

CHINOIS $$

19 Plan p. 66, D2

Les touristes asiatiques viennent ici pour la soupe aux ailerons de requin (pas vraiment géniale selon nous), mais sa carte variée où figurent *dim sum*, pattes d'oie braisées et nouilles a de quoi satisfaire tous les amateurs de cuisine chinoise. (371-373 Th Yaowarat ; plats 50-1 200 B ; 9h-1h ; Tha Ratchawong, M Hua Lamphong sortie 1 et taxi)

100% bangkokien

Hisser le drapeau jaune

Tous les ans en septembre-octobre, Chinatown est le haut lieu d'une grande fête végétarienne. Les festivités se concentrent en effet dans l'artère principale du quartier, Th Yaowarat, et dans Talat Noi, mais un peu partout dans Bangkok, boutiques et étals de nourriture lèvent aussi un drapeau jaune pour annoncer leur passage temporaire au végétarisme.

Prendre un verre

River Vibe

BAR

20 Plan p. 66, D4

Les bars chics sur le toit sont trop chers pour vous ? Qu'à cela ne tienne, la vue sur le fleuve depuis le toit de cette pension n'a quasi rien à leur envier ! Nous vous suggérons toutefois d'aller diner ailleurs. Depuis Soi Wanit 2, suivez les panneaux indiquant River View Guest House. (8e ét. River View Guest House, près de Soi Wanit 2 ; 19h30-22h30 ; Tha Marine Department, M Hua Lamphong sortie 1 et taxi)

El Chiringuito

BAR

21 Plan p. 66, D3

Une shophouse convertie en bar-galerie rétro. Allez-y pour une sangria, un gin espagnol ou pour les expositions d'art. Les heures d'ouverture étant aléatoires, vérifiez sur sa page Facebook avant

Comprendre

Le roi

Si vous voyez une Rolls-Royce jaune filer sur les avenues de Bangkok derrière une escorte de police, vous venez sans doute d'apercevoir le monarque thaïlandais au règne le plus long de l'histoire de son pays (et le souverain en exercice à la plus longue longévité au monde) : Sa Majesté Bhumibol Adulyadej.

Un homme sur le trône

Également connu sous le nom de Rama IX, Bhumibol Adulyadej est né en 1927 aux États-Unis, où son père le prince Mahidol était étudiant en médecine à Harvard. Parlant couramment l'anglais, le français, l'allemand et le thaï, Bhumibol accéda au trône en 1946 après la mort de son frère Rama VIII (Ananda Mahidol, 1935-1946), qui régna à peine 11 ans avant de mourir dans des circonstances troubles. Ardent compositeur de jazz et saxophoniste dans sa jeunesse, Rama IX s'est offert des bœufs avec des grands tels Woody Herman et Benny Goodman, et ses compositions passent souvent à la radio thaïlandaise. Le souverain est aussi salué pour ses vastes projets de développement, notamment dans les régions rurales du pays. Rama IX a eu quatre enfants avec la reine Sirikit : la princesse Ubol Ratana (née en 1951), le prince héritier Maha Vajiralongkorn (né en 1952) et les princesses Mahachakri Sirindhorn (née en 1955) et Chulabhorn (née en 1957).

La fin d'une ère

Après plus de six décennies de règne et passé le cap des 87 ans, Rama IX prépare aujourd'hui sa succession. Depuis quelques années, c'est le prince héritier qui conduit la plupart des événements théoriquement dévolus à son père : il préside ainsi la cérémonie royale du Labour, change les atours du Bouddha d'Émeraude ou remet les diplômes lors des cérémonies universitaires.

Une religion de la monarchie

Au même titre que la nation et la religion, la monarchie est profondément respectée dans la société thaïlandaise, et toute remarque négative sur Rama IX et les membres de la famille royale constitue non seulement un tabou, mais aussi une infraction à la loi. Biographie plutôt objective, en anglais, de la vie et des réalisations de Rama IX, *King Bhumibol Adulyadej: A Life's Work*, 2010) se trouve dans de nombreuses librairies de Bangkok.

de vous y rendre. (☎08 6340 4791 ; www.facebook.com/elchiringuitobangkok ; 221 Soi Nana; ⊙19h-minuit mar-sam ; ⛴Tha Ratchawong, M Hua Lamphong sortie 1)

Sortir

Sala Chalermkrung THÉÂTRE

22 ★ Plan p. 66, B1

Cet édifice Art déco, un ancien cinéma datant de 1933, est l'un des rares endroits où l'on peut encore voir du *kŏhn* : ce théâtre dansé traditionnel s'accompagne ici de jeux de laser, d'un système audio high-tech et de sous-titres en anglais. La programmation inclut d'autres manifestations, dont des concerts : consultez le site Internet. (☎0 2222 0434 ; www.salachalermkrung.com ; 66 Th Charoen Krung ; 800-1 200 B ; ⊙spectacle 19h30 jeu-ven ; ⛴Tha Saphan Phut, Memorial Bridge, M Hua Lamphong sortie 1 et taxi)

À savoir

Zone sèche

Hormis El Chiringuito, River Vibe et SoulBar, la vie nocturne de Chinatown n'offre guère d'options que douteuses. Après avoir dîné à Chinatown, mieux vaut donc aller prendre un verre dans les quartiers voisins de Banglamphu ou Silom.

SoulBar MUSIQUE LIVE

23 ★ Plan p. 66, E4

Un quartier et un lieu inédits pour de la musique live ! Pourtant, cette shophouse, reconvertie depuis peu, accueille des musiciens de blues, de jazz et de soul à partir de 22h du mercredi au samedi. Allez-y plus tôt pour prendre un café dans ce quartier en passe de gentrification. (www.facebook.com/livesoulbarbangkok ; 945 Th Charoen Krung ; ⊙8h30-24h30 ; M Hua Lamphong sortie 1 et taxi)

Explorer

Siam Square, Pratunam et Ploenchit

Centres commerciaux géants, grands magasins, boutiques à perte de vue et marchés tentaculaires : le commerce et le shopping sont les rois de Siam Square, Pratunam et Ploenchit. La station de Skytrain (BTS) de Siam Square et ses nombreuses correspondances ont d'ailleurs fait du quartier le cœur du Bangkok moderne, si bien qu'outre le lèche-vitrine, ce ne sont ni les visites ni les bonnes tables qui manquent.

L'essentiel en un jour

Une matinée n'est pas de trop pour admirer l'architecture et la collection d'objets d'art de la **maison de Jim Thompson** (p. 78). Si vous préférez l'art contemporain, allez visiter l'exposition du moment au **Bangkok Art & Culture Centre** (p. 82), non loin.

En face de ce dernier vous attendent sept étages de boutiques réunis au sein du **MBK Center** (p. 91) : là, vous pourrez vider votre compte en banque mais aussi vous remplir l'estomac au **MBK Food Island** (p. 86), un espace restauration associant saveurs et prix doux.

La Sky Walk qui mène à l'**Erawan Shrine** (p. 82) passe par **Siam Paragon** (p. 92), **Siam Center** (p. 91) et **CentralWorld** (p. 92). Offrez-vous une pause spa au **Thann Sanctuary** (p. 84) ou au **Spa 1930** (p. 82), ou bien une halte cocktail chez **Hyde & Seek** (p. 89). Pour changer du déjeuner au centre commercial, goûtez à la cuisine française revisitée à la thaïlandaise du **Beaulieu** (p. 84) ou à la nouvelle cuisine thaïlandaise au **Sra Bua** (p. 86). Puis si vous avez envie d'aller boire avec des Bangkokiens, continuez la soirée au **Co-Co Walk** (p. 90).

Les incontournables

Maison de Jim Thompson (p. 78)

Le meilleur du quartier

Centres commerciaux

MBK Center (p. 91)

Siam Center (p. 91)

Spas

Spa 1930 (p. 82)

Thann Sanctuary (p. 84)

Gastronomie internationale

Sra Bua (p. 86)

Brunch dominical du Four Seasons (p. 87)

Gastronomie étrangère

Le Beaulieu (p. 84)

Din Tai Fung (p. 86)

Avec des enfants

KidZania (p. 83)

Siam Ocean World (p. 84)

Comment y aller

S **BTS** Siam, National Stadium, Chit Lom, Phloen Chit, Ratchadamri

Bateau-bus Sapan Hua Chang Pier, Pratunam Pier, Chitlom Pier, Wireless Pier.

Les incontournables
Maison de Jim Thompson

En 1959, 12 ans après avoir relancé à lui tout seul le commerce de la soie thaïlandaise pour en faire une exportation formidablement florissante, l'Américain Jim Thompson acquit un lopin de terre pour s'y installer. Mais pas n'importe comment : sa passion pour les traditions thaïlandaises était telle qu'il acheta six maisons en teck pour les faire remonter dans son jardin. Jim Thompson disparut mystérieusement en 1967 (p. 82), mais sa propriété lui a survécu, musée unique en son genre et hommage à cet homme hors du commun.

Plan p. 80, A2

www.jimthompsonhouse.com

Soi Kasem San 2

Adulte/enfant 100/50 B

9h-18h, visite guidée obligatoire toutes les 20 min

Bateau-bus jusqu'à Sapan Hua Chang Pier,
S National Stadium sortie 1

À ne pas manquer

La propriété

À partir de ces six maisons, Thompson conçut une grande demeure aux pièces plus adaptées aux coutumes occidentales. L'Américain dérogea également à la tradition en inversant certaines façades, de sorte que les murs extérieurs soient à l'intérieur afin que l'on puisse en admirer les sculptures. Certaines de ces demeures furent rapportées de l'ancienne capitale royale d'Ayutthaya, d'autres démontées et acheminées par le canal.

Les objets d'art du collectionneur

La collection d'objets d'art asiatiques de Thompson, est modeste mais splendide. Elle comprend des porcelaines chinoises rares ainsi que des pièces birmanes, cambodgiennes et thaïlandaises. L'Américain avait par ailleurs un goût exquis pour des objets plus banals mais pleins de charme, tel ce labyrinthe à souris du XIXe siècle, en forme de maison miniature.

Les jardins

Après la visite, attardez-vous dans les jardins luxuriants, où se trouvent quelques autres constructions ainsi que des bassins où nagent des poissons colorés. Le site comprend également un café-restaurant et une boutique dédiée aux textiles et soieries de la marque Jim Thompson.

Jim Thompson Art Center

Sur place aussi, le **Jim Thompson Art Center** (entrée libre ; 9h-17h) est un musée proposant des expositions temporaires dédiées à des supports très variés ; la programmation récente incluait des contributions d'artistes tels que le réalisateur thaïlandais Apichatpong Weerasethakul, lauréat de la Palme d'Or à Cannes en 2010.

À savoir

- Méfiez-vous des rabatteurs, souvent très élégants, qui attendent dans le *soi* près de la maison de Jim Thompson : ils décrètent le musée fermé pour mieux vous embarquer dans une virée shopping aux fins douteuses.
- Obligatoire, la visite guidée est proposée notamment en français.
- Les photographies sont interdites dans tous les bâtiments.

Une petite faim ?

Sur place, le **Thompson Bar & Restaurant** (plats 160-480 B ; midi-17h et 18h-23h ;) est une halte commode pour une boisson avec vue sur le jardin ou un repas thaïlandais dans le confort d'une salle climatisée. Par ailleurs, une courte marche sépare la maison Jim Thompson du MBK Food Island (p. 86), sans doute le meilleur espace restauration de Bangkok.

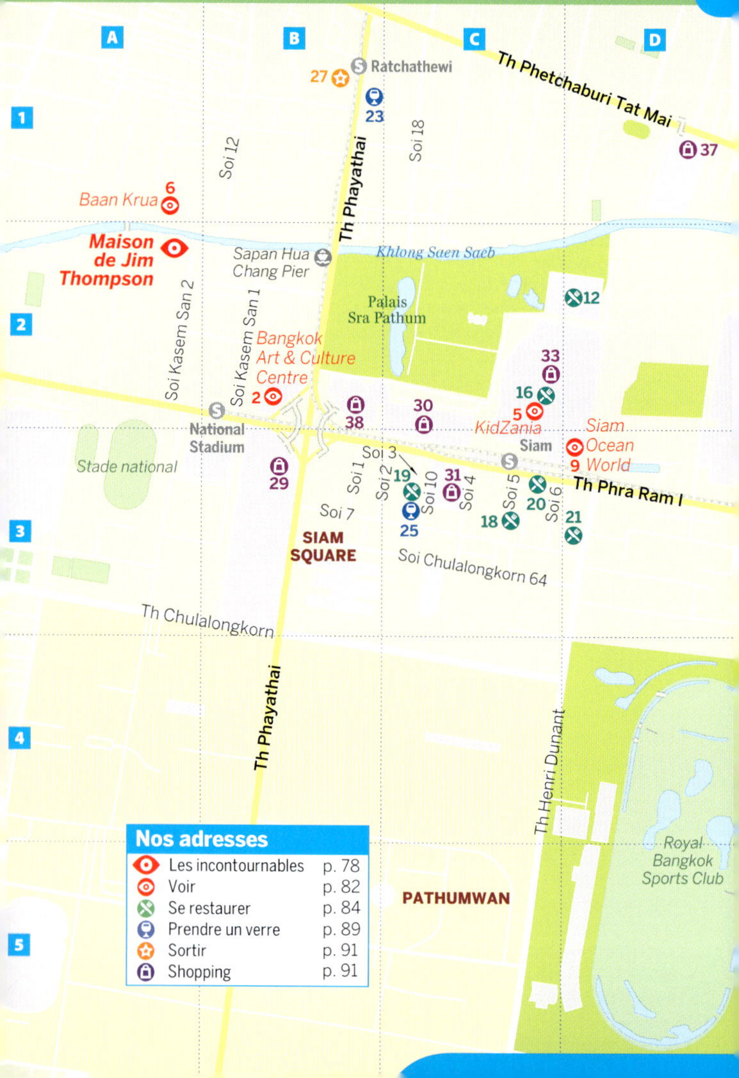
A
B
C
D
1
2
3
4
5
Ratchathewi
27
23
Th Phetchaburi Tat Mai
37
Soi 12
Soi 18
Th Phayathai
6
Baan Krua
Maison de Jim Thompson
Sapan Hua Chang Pier
Khlong Saen Saeb
Palais Sra Pathum
12
Soi Kasem San 2
Soi Kasem San 1
Bangkok Art & Culture Centre
2
33
16
5
KidZania
38
30
National Stadium
Stade national
29
Siam
Siam Ocean World
9
Soi 3
Soi 1
Soi 2
19
Soi 10
31
Soi 4
Soi 5
20
Soi 6
Th Phra Ram I
21
18
25
Soi 7
SIAM SQUARE
Soi Chulalongkorn 64
Th Chulalongkorn
Th Phayathai
Th Henri Dunant
Royal Bangkok Sports Club
PATHUMWAN
Nos adresses
Les incontournables p. 78
Voir p. 82
Se restaurer p. 84
Prendre un verre p. 89
Sortir p. 91
Shopping p. 91

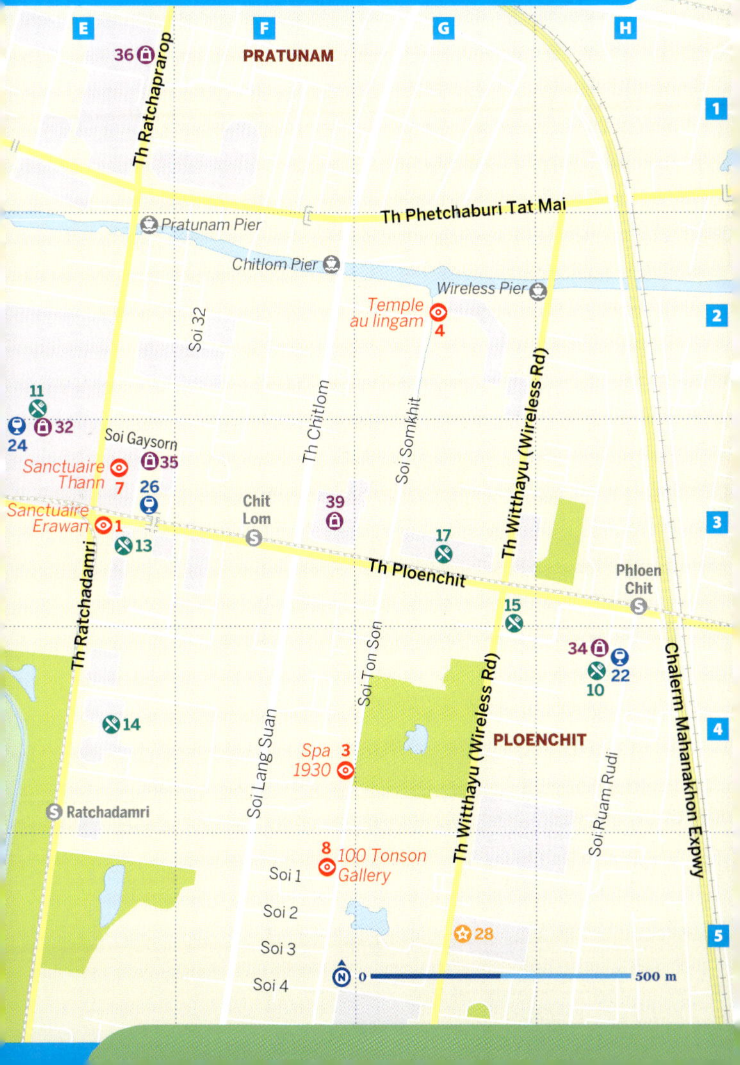
E
F
G
H
1
2
3
4
5
PRATUNAM
PLOENCHIT
36
Th Ratchaprarop
Th Phetchaburi Tat Mai
Pratunam Pier
Chitlom Pier
Wireless Pier
Temple au lingam
4
Soi 32
Th Chitlom
Soi Somkhit
Th Witthayu (Wireless Rd)
11
24
32
Soi Gaysorn
35
Sanctuaire Thann
7
26
Sanctuaire Erawan
1
13
Chit Lom
39
17
Th Ploenchit
Phloen Chit
15
34
22
10
Th Ratchadamri
Soi Ton Son
Chalerm Mahanakhon Expwy
14
Soi Lang Suan
Spa 1930
3
Soi Ruam Rudi
Ratchadamri
8
100 Tonson Gallery
Soi 1
Soi 2
Soi 3
Soi 4
28
0
500 m

Voir

Erawan Shrine

MONUMENT

1 Plan p. 80, E3

Commerce et religion font parfois bon ménage à Bangkok : ainsi, ce sanctuaire brahmane a été érigé en 1956 pour conjurer une série d'accidents malheureux survenus tout au long de la construction de l'ancien hôtel Erawan (l'actuel Grand Hyatt Erawan). La réputation protectrice du site s'est ensuite répandue, et les fidèles s'y pressent toujours. En remerciement d'un vœu exaucé, beaucoup aiment faire exécuter une danse traditionnelle. (ศาลพระพรหม ; angle Th Ratchadamri et Th Ploenchit ; entrée libre ; 6h-23h ; S Chit Lom sortie 8)

Bangkok Art & Culture Centre

MUSÉE

2 Plan p. 80, B2

Outre 3 000 m² d'expositions déployés sur trois niveaux, ce vaste centre culturel moderne, au cœur de la ville, abrite des boutiques branchées, des galeries d'art privées et des cafés. Rendez-vous sur le site Internet pour connaître la programmation en cours. (BACC ; www.bacc.or.th ; angle Th Phayathai et Th Phra Ram I ; entrée libre ; 10h-21h mar-sam ; S National Stadium sortie 3)

Spa 1930

SPA

3 Plan p. 80, F4

L'élégance du Spa 1930 change des habituels centres à l'ambiance New

Comprendre

Jim Thompson

Né dans le Delaware en 1906, Jim Thompson fut un agent de l'OSS (ancienne CIA) envoyé en Thaïlande durant la Seconde Guerre mondiale. C'est en 1947, sur un marché, qu'il repéra une belle étoffe de soie dont il apprit qu'elle provenait de Baan Krua, seul endroit à Bangkok où le tissage était encore manuel. Cette soie thaïlandaise conquit bientôt les grands couturiers de New York, Milan, Londres et Paris : l'Américain fidélisa ainsi une clientèle internationale pour cet artisanat qui avait bien failli disparaître.

Une après-midi de mars 1967, Jim Thompson disparut au cours d'une randonnée dans les Cameron Highlands, en Malaisie occidentale. Son corps n'a jamais été retrouvé, mais la théorie du complot est allée bon train : fut-il éliminé par des espions communistes, des concurrents en affaires, ou encore par un tigre mangeur d'hommes ? Le mystère n'a jamais été éclairci, mais les éléments réunis par le journaliste Joshua Kurlantzick dans sa biographie de Thompson, *The Ideal Man*, laissent penser que l'anti-américanisme qu'affichait l'ancien agent à la fin de sa vie aurait pu faire de lui une cible... pour la CIA elle-même.

Erawan Shrine

Age. L'offre est simple (soins du visage et du corps, massages), tout comme les huiles exfoliantes et de massage. (☎0 2254 8606 ; www.spa1930.com ; 42 Soi Ton Son ; massage thaïlandais à partir de 1 200 B, forfaits spa à partir de 3 800 B ; ⏲9h30-21h30 ; S Chit Lom sortie 4)

Temple au lingam MONUMENT

4 👁 Plan p. 80, G2

Ce petit temple situé à l'arrière du Swissôtel Nai Lert Park est dédié à l'esprit d'un arbre voisin, mais depuis que la rumeur court qu'il favorise la fécondité, une petite forêt de phallus en pierre et en bois s'y est dressée – sorte de nouveau sanctuaire à la sexualité. Lorsqu'on fait face à l'entrée du Swissôtel, il faut suivre, à droite, le petit chemin en ciment qui passe à côté du parking. L'autel est situé au bout du bâtiment. (ศาลเจาแมทับทิม; Swissôtel Nai Lert Park, Th Witthayu/Wireless Rd ; entrée libre ; ⏲24h/24 ; ⛴bateau-bus jusqu'à Wireless Pier, S Phloen Chit sortie 1)

KidZania CITÉ DES ENFANTS

5 👁 Plan p. 80, C2

Faire voler un avion, enregistrer un album, confectionner des sushis, soigner les dents, etc. : dans cette formidable cité à leur dimension, les enfants apprennent en jouant. (☎0 2683 1888 ; bangkok.kidzania.com ; 5e ét., Siam Paragon, 991/1 Th Phra Ram I ; adulte/enfant 480/850 B ; ⏲10h-17h dim-ven, 10h-15h et 16h-21h sam ; S Siam sorties 3 et 5)

À savoir

Le casse-tête des rues

Les noms des rues semblent souvent imprononçables. Pire, leur transcription en caractères latins varie souvent. Ainsi, la rue Th Ratchadamri s'écrit parfois "Rajdamri". Et l'une des rues qui concentre le plus d'ambassades étrangères est connue sous un double nom : Wireless Rd et Th Witthayu (*wireless*, en anglais, et *wí·tá·yú*, en thaï, signifiant "radio")..

Baan Krua — QUARTIER

6 Plan p. 80, A1

Baan Krua remonte à la période troublée qui marqua la fin du XVIIIe siècle : des musulmans du Cambodge et du Vietnam combattant aux côtés du nouveau souverain thaï se virent récompenser par l'attribution de ces terres. Ils apportèrent avec eux leur savoir-faire en matière de soieries, et la communauté s'agrandit plus tard en construisant le canal voisin afin d'être mieux reliée au fleuve. (บ้านครัว ; bateau-bus jusqu'à Sapan Hua Chang Pier, S National Stadium sortie 1)

Thann Sanctuary — SPA

7 Plan p. 80, E3

Ce fabricant de savons, lotions et cosmétiques à base de plantes a lancé sa chaîne d'instituts de soin dans des centres commerciaux : idéal après une virée shopping. Également au CentralWorld (p. 92). (02658 0550 ; www.thann.info ; 4e ét., Gaysorn Plaza, angle Th Ploenchit et Th Ratchadamri ; massage thaïlandais à partir de 1 500 B, soins spa à partir de 2 800 B ; 10h-21h ; S Chit Lom sortie 9)

100 Tonson Gallery — GALERIE D'ART

8 Plan p. 80, F5

Considérée comme l'une des meilleures galeries d'art de la capitale, 100 Tonson présente dans une spacieuse villa des expositions d'art contemporain qui font leur place aux artistes thaïlandais et étrangers. (www.100tonsongallery.com ; 100 Soi Ton Son ; entrée libre ; 11h-19h jeu-dim ; S Chit Lom sortie 4)

Siam Ocean World — AQUARIUM

9 Plan p. 80, D3

Plus de 400 espèces de poissons, crustacés et même de pingouins peuplent ce vaste aquarium en sous-sol. Ceux qui ont leur licence, peuvent plonger avec les requins (en supplément), mais il est presque aussi amusant d'assister au repas des requins et des pingouins (le premier a généralement lieu à 13h et à 16h, le second à 12h30 et à 16h30 - vérifiez les détails sur le site) (สยาม โอเชี่ยนเวิร์ล ; www.siamoceanworld.com ; sous-sol, Siam Paragon, 991/1 Th Phra Ram I ; adulte/enfant à partir de 713/563 B ; 10h-21h ; S Siam sorties 3 et 5)

Se restaurer

Le Beaulieu — FRANÇAIS $$$

10 Plan p. 80, H4

Tous les classiques de la cuisine française, parfois subtilement revisités

Comprendre

Toutes les saveurs de Bangkok

La cuisine de la capitale mêle préparations régionales, influence de la gastronomie royale et recettes des minorités chinoise et musulmane.

Cuisine du centre de la Thaïlande

Les habitants de cette région sont de grands amateurs de sucré-salé ; leurs recettes font la part belle aux poissons d'eau douce, au porc, au lait de coco et au sucre de palme. Les restaurants servant la cuisine du centre de la Thaïlande proposent un large de choix de fruits de mer. Parmi les classiques figurent le *ƀlah dùk foo* (beignets de poisson-chat, piment, cacahuètes et sauce à la mangue aigre-douce) et le *gaang sôm* (un riche bouillon acidulé aux fruits de mer, légumes et/ou herbes).

Gastronomie royale

Les chefs de la capitale ont été sensiblement influencés par la cuisine de la Cour, qui réinvente avec raffinement des recettes de la Thaïlande centrale depuis près de 300 ans. Autrefois réservés aux tables du palais, ces plats dits "royaux" sont aujourd'hui servis dans tout Bangkok. Les *mèe gròrp,* ces nouilles croustillantes préparées avec une sauce aigre-douce, sont l'un des plats les plus connus de cette gastronomie royale.

Cuisine sino-thaïlandaise

Ce sont probablement les immigrés venus de Chine du Sud qui ont introduit en Thaïlande le wok et diverses recettes de nouilles. Mais leur influence va plus loin : si le bœuf est peu répandu sur les tables de la capitale, c'est en raison d'un précepte du bouddhisme chinois interdisant de manger les "grands" animaux. Le *kôw man gài,* plat de riz au poulet dans le style de Hainan, est emblématique de la cuisine sino-thaïlandaise.

Cuisine thaïlandaise musulmane

Les musulmans seraient arrivés en Thaïlande à la fin du XIVe siècle, apportant avec eux leur cuisine exaltant la viande et les épices séchées. Si certaines recettes ont peu changé, tel le *roh·đee,* un pain frit semblable au *paratha* indien, d'autres, comme ce riche curry qu'est le *gaang mát·sà·màn* (massaman) sont le produit d'un mélange unique entre les pratiques et les ingrédients thaïlandais et ceux de l'Inde et du Moyen-Orient.

dans l'esprit thaïlandais, avec pour objectif le respect des ingrédients et des saveurs. La grande salle à manger, aux imposantes œuvres d'art, réussit l'alliance entre classique et moderne.

100% bangkokien

Pause déjeuner au centre commercial

Les food-courts (espace restauration) des centres commerciaux de cette partie de la ville sont propres, bon marché, stylés, accueillants et ont une carte en anglais. Nos préférés :

MBK Food Island (plan p. 80, B3 ; 6e ét., MBK Center, angle Th Phra Ram I et Th Phayathai ; plats 35-150 B ; 10h-22h ; ; National Stadium sortie 4). Le plus vaste et le meilleur.

Eatthai (plan p. 80, G3 ; www.facebook.com/EathaibyCentral?rf=1493909810820988 ; sous-sol, Central Embassy, 1031 Th Ploenchit ; plats 60-360 B ; 10h-22h ; Phloen Chit sortie 5). De célèbres restaurants et stands de rue y ont une "succursale".

Food Republic (plan p. 80, C2 ; 4e ét., Siam Center, angle Th Phra Ram I et Th Phayathai ; plats 30-200 B ; 10h-22h ; ; Siam sortie 1). Sans doute le plus attrayant de la ville.

FoodPark (plan p. 80, E2 ; 4e ét., Big C, 97/11 Th Ratchadamri ; plats 30-90 B ; 9h-21h ; ; Chit Lom sortie 9 vers Sky Walk). Prépare des plats thaïlandais pour des Thaïlandais.

Si votre budget ne vous permet pas de dîner ici, allez-y au déjeuner où il y a des menus fixes (3 plats) à 695 B et 995 B. (02 168 8220 ; rez-de-chaussée, Athenee Office Tower, 63 Th Witthayu/Wireless Rd ; plats 1 450-2 450 B ; 1130-14h30 et 18h30-23h30 mar-dim ; ; Phloen Chit sorties 2 et 4)

Din Tai Fung

CHINOIS $$

11 Plan p. 80, E2

Ce restaurant sous franchise taïwanaise doit son succès à ses *xiao long bao*, des raviolis farcis au bouillon. Goûtez-y, mais n'hésitez pas à explorer davantage la carte, la cuisine du nord de la Chine étant généralement savoureuse. (7e ét., CentralWorld, Th Ratchadamri ; 11h-22h ; ; Chit Lom sortie 9 vers Sky Walk, Siam sortie 6 vers Sky Walk)

Sra Bua

THAÏLANDAIS $$$

12 Plan p. 80, D2

Piloté par un Thaïlandais et un Danois dont le restaurant de Copenhague, Kiin Kiin, affiche une étoile au Michelin, Sra Bua propose une approche internationale de la cuisine thaïlandaise. Passant les ingrédients locaux à la moulinette de la cuisine moléculaire, ils ont inventé des versions peu conventionnelles des plats thaïlandais, comme une "salade de homard et curry rouge glacé". Réservation conseillée. (0 2162 9000 ; www.kempinskibangkok.com/sra-bua-by-kiin-kiin ; rdc, Siam Kempinski Hotel, 991/9 Th Phra Ram I ; menu 2 700 B ; midi-15h et 18h-23h ; ; Siam sorties 3 et 5)

MBK Food Island

Crystal Jade La Mian Xiao Long Bao CHINOIS $$

13 Plan p. 80, E3

Cette chaîne de restaurants singapourienne affiche haut ses spécialités – les *la mian* (nouilles de blé) et les fameux *xiao long bao* (raviolis vapeur de Shanghai) – d'où le nom de son enseigne à rallonge. Si vous commandez les nouilles fraîches maison (et nous vous les recommandons vivement), laissez le serveur les couper, ou vous finirez assurément couvert de taches. (sous-sol, Erawan Bangkok, 494 Th Ploenchit ; plats 110-1 050 B ; 11h-22h ; ; Chit Lom sortie 8)

Brunch dominical du Four Seasons INTERNATIONAL $$$

14 Plan p. 80, E4

Le dimanche, les quatre prestigieux restaurants du Four Seasons (Spice Market, Shintaro, Biscotti et Madison) réunissent leurs talents pour dresser, dans une même salle, un fabuleux buffet : l'offre pléthorique et l'option champagne en font un brunch hors du commun. Au point que c'est devenu une institution et qu'il faut réserver 2 semaines à l'avance. (0 2126 8866, poste 1231 ; www.fourseasons.com/bangkok/dining/restaurants/sunday_brunch ; rez-de-chaussée, Four Seasons Hotel, 155 Th Ratchadamri; buffet 3 473 B ; 11h30-15h dim ; ; Ratchadamri sortie 4)

Sanguan Sri
THAÏLANDAIS DU CENTRE $

15 Plan p. 80, G3

Dans un bloc de béton, ce restaurant peut se permettre d'être totalement *cheu-i* (ringard) pour une bonne raison : sa réputation. Suivez les employés de bureau du quartier et commandez un délice de la cuisine de Thaïlande centrale, tel le *gaang pèt Ѣèt yâhng* (un curry rouge de magret de canard servi sur des nouilles de riz immaculées). Pas d'enseigne en alphabet latin. (59/1 Th Witthayu/Wireless Rd ; plats 40-150 B ; 10h-15h lun-sam ; S Phloen Chit sortie 5)

Nuer Koo
SINO-THAÏLANDAIS $

16 Plan p. 80, C2

Est-ce là l'avenir du bon vieil étal de nouilles ? L'antique et humble recette des nouilles au bœuf est ici mitonnée bien à l'abri dans un centre commercial. En tout cas, choisissez votre morceau de bœuf (il y a même du bœuf de Kobe !), savourez le riche bouillon et la climatisation – et envoyez paître la tradition. (4e ét., Siam Paragon, 991/1 Th Phra Ram I ; plats 85-970 B ; 11h30-22h ; S Siam sorties 3 et 5)

Water Library
FRANÇAIS, INTERNATIONAL $$$

17 Plan p. 80, G3

La décoration sur le thème de la tour Eiffel laisse rêveur sur l'ambition de ce restaurant de chaîne locale qui cherche à faire une cuisine de bistrot à la française. Mais la qualité tient la route, avec l'art d'agrémenter les modestes recettes comme le "croque-monsieur" au prosciutto au lieu du jambon. (0 2160 5893 ; www.waterlibrary.com ; 5e ét., Central Embassy, 1031 Th Ploenchit ; plats 350-1 150 B ; 10h-22h dim-jeu, 10h-minuit ven-sam ; S Phloen Chit sortie 5)

Som Tam Nua
THAÏLANDAIS $

18 Plan p. 80, C3

Les saveurs et l'authenticité ne valent pas celles que l'on peut trouver sur un stand de rue, mais si vous voulez voir et être vu, en particulier dans un cadre branché (et climatisé), voilà une bonne adresse pour découvrir les spécialités du Nord-Est thaïlandais. Longue file d'attente le soir. (392/14 Soi 5, Siam Sq ; plats 75-120 B ; 10h45-21h30 ; S Siam sortie 4)

Koko
THAÏLANDAIS $

19 Plan p. 80, C3

Ce restaurant propose une longue carte végétarienne, ainsi qu'un court mais solide répertoire de plats thaïlandais à base de viande, dont le curry de Penang au porc tendre, ou le poisson frit aux herbes locales. (262/2 Soi 3, Siam Sq ; plats 75-240 B ; 11h-21h ; S Siam sortie 2)

Food Plus
THAÏLANDAIS $

20 Plan p. 80, C3

Cette ruelle un peu étouffante est envahie par les ustensiles de plusieurs *ráhn kôw gaang* (stands de riz et de curry). La plupart des plats sont préparés à l'avance : désignez celui

AUSTIN BUSH / GETTY IMAGES ©

Siam Paragon (p. 92)

qui vous fait envie. Il ne vous en coûtera guère plus de 100 B, pour une authenticité maximale. (entre Soi 5 et Soi 6, Siam Sq ; plats 30-70 B ; 9h-15h ; ; S Siam sortie 2)

Coca Suki

CHINOIS, THAÏLANDAIS **$$**

21 Plan p. 80, D3

Le *sù·gêe*, bouillon brûlant dans lequel cuisent des aliments crus, est une recette qu'adorent les familles thaïlandaises. Le Coca est l'une des plus anciennes chaînes le préparant, et cette adresse témoigne des efforts de la marque pour se moderniser. Les amateurs de plats épicés goûteront le bouillon acidulé de la *tom yam*. (416/3-8 Th Henri Dunant ; plats 96-688 B ; 11h-23h ; ; S Siam sortie 6)

Prendre un verre

Hyde & Seek

BAR

22 Plan p. 80, H4

Ses savoureux en-cas et ses tout aussi délicieux plats d'inspiration ouvertement anglaise ont valu au Hyde & Seek le titre convointé de "bar gastronomique". Pour nous, l'une des principales raisons de s'y rendre tient sutout au fait qu'il s'agit de l'un des bars les mieux fournis de Bangkok et qu'il prépare des cocktails comptant incontestablement parmi les meilleurs et les plus sophistiqués de la ville. (www.hydeandseek.com ; rdc, Athenee Residence, 65/1 Soi Ruam Rudi ; 11h-1h ; S Phloen Chit sortie 4)

Co-Co Walk

BAR

23 Plan p. 80, B1

Les étudiants thaïlandais raffolent de ce complexe couvert combinant pubs, bars et musique live. Une adresse sympa pour boire un verre à la mode du pays. (87/70 Th Phayathai ; 17h-minuit ; S Ratchathewi sortie 2)

Red Sky

BAR

24 Plan p. 80, E3

Perché au 55e étage d'un élégant gratte-ciel, le dernier né des "rooftop bars" de Bangkok se veut encore plus chic que le commun de ses semblables, d'où sa longue carte de vins, mais aussi de martinis. Comme dans la plupart des bars sur le toit, shorts et sandales sont évidemment à proscrire. (www.centarahotelsresorts.com/redsky ; 55e ét., Centara Grand, CentralWorld, Th Ratchadamri ; 18h-1h ; S Chit Lom sortie 9 vers Sky Walk, Siam sortie 6 vers Sky Walk)

100% bangkokien

Une toile à Siam Square

Les cinémas les plus luxueux de Bangkok sont dans le quartier de Siam Sq. Chaque centre commercial a le sien, mais le **Paragon Cineplex** (plan p. 80, C2 ; 0 2129 4635; www.paragoncineplex.com ; 5e ét., Siam Paragon, 991/1 Th Phra Ram I ; S Siam sorties 3 et 5), avec son écran IMAX (le plus grand de Thaïlande) et ses luxueuses salles semi-privées l'emporte haut la main. Pour quelque chose de moins tape-à-l'œil, il suffit de traverser la rue, où se trouvent des cinémas indépendants, à l'ancienne, tels le **Scala** (plan p. 80, B3 ; 0 2251 2861 ; Soi 1, Siam Sq ; S Siam sortie 2) et le **Lido** (plan p. 80, C3 ; 0 2252 6498 ; www.apexsiam-square.com ; entre Soi 2 et Soi 3, Siam Sq ; S Siam sortie 2).

To-Sit

BAR

25 Plan p. 80, C3

Musique kitsch jouée sans retenue et en live, cuisine bien épicée à petit prix, clientèle enjouée et bières fraîches : tous les ingrédients de la soirée parfaite d'un étudiant thaïlandais sont réunis ici. To-Sit a d'autres adresses dans tout Bangkok, mais celle de Siam Sq a l'indéniable atout d'être la seule dans ce quartier trépidant de jour, mais fort assoupi le soir venu. (Soi 3, Siam Sq ; S Siam sortie 2)

Mixx

DISCOTHÈQUE

26 Plan p. 80, E3

Comme son nom le suggère, le Mixx attire toutes sortes de fêtards, depuis les voyageurs de tous les pays jusqu'aux employées de bureaux, ce qui en fait la discothèque la plus ouverte et la moins suspecte de Bangkok. (mixx-discotheque.com/bangkok ; sous-sol, InterContinental Hotel, 973 Th Ploenchit ; entrée 300 B ; 22h-2h ; S Chit Lom sortie 7)

Sortir

Playhouse Theater Cabaret

CABARET

27 Plan p. 80, B1

Les artistes *gà·teu·i* (ou *kàthoey*, transgenres) reprenant des tubes kitsch font fureur sur le circuit touristique à Bangkok. Le Playhouse s'est engouffré dans la tendance avec ces spectacles qui mêlent chorégraphies façon Broadway et grands succès pop chantés en play-back. (0 2215 0571 ; www.playhousethailand.com ; sous-soul, Asia Hotel, 296 Th Phayathai ; entrée 1 200 B ; spectacles 20h15 et 21h45 ; S Ratchathewi sortie 1)

Diplomat Bar

MUSIQUE LIVE

28 Plan p. 80, G5

Ainsi nommé parce qu'il se trouve en plein quartier des ambassades, c'est l'un des rares bars d'hôtels que les Thaïlandais apprécient. Faites votre choix dans la longue carte de martinis, à siroter en écoutant le groupe de jazz. (rdc, Conrad Hotel, 87 Th Witthayu/Wireless Rd ; 19h-1h dim-jeu, 19h-2h ven et sam ; S Phloen Chit sortie 5)

Shopping

MBK Center

CENTRE COMMERCIAL

29 Plan p. 80, B3

Cet immense centre commercial est devenu une attraction touristique à part entière : on y entend parler le thaï aussi bien que le suédois, et tous les week-ends, la moitié de Bangkok semble s'y retrouver pour musarder dans un panel infini de stands et de boutiques proposant téléphones portables, accessoires, chaussures, matériel photo, sacs à main ou T-shirts. (www.mbk-center.com ; angle Th Phra Ram I et Th Phayathai ; 10h-22h ; S National Stadium sortie 4)

À savoir

Hors gabarit

Si dans votre pays, vous portez des vêtements de taille jugée petite ou "normale", vous êtes en Thaïlande un spécimen extra large et risquez de ne rentrer que dans du XL. En particulier sur les marchés de rue où les tailles sont encore plus petites. Pour des tenues habillées, les expatriés s'adressent aux tailleurs sur mesure, et de nombreux vendeurs du marché de Pratunam proposent des grandes tailles, de même que plusieurs comptoirs du 7e étage du MBK Center.

Siam Center

CENTRE COMMERCIAL

30 Plan p. 80, C2

Le tout premier centre commercial de Thaïlande, ouvert en 1976 mais rénové récemment, ne fait pas son âge. Son 3e étage est l'une des meilleures adresses pour découvrir des marques locales bien établies à Bangkok, telles **Flynow III**, **Senada Theory** et **Tango**, entre autres. (Th Phra Ram I ; 10h-21h ; S Siam sortie 1)

Siam Square

CENTRE COMMERCIAL

31 Plan p. 80, C3

Siam Square est l'épicentre de la culture ado à Bangkok : tandis que des enceintes hurlent de la musique pop, des adolescents en bandes vont et viennent de fast-foods en boutiques de la taille d'un cagibi. Plusieurs enseignes des Soi 2 et Soi 3 font dans une mode branchée, mais les vêtements taillent vraiment petit. (Th Phra Ram I ; 11h-21h ; S Siam sorties 2, 4 et 6)

100% bangkokien

Des souvenirs qui changent

Oubliez les grenouilles en bois coassantes et les éléphants brodés : Bangkok offre aujourd'hui un choix de souvenirs plus raffinés. Pensez à :

Thann (plan p. 80, E2; www.thann.info ; 2e ét. , CentralWorld, Th Ratchadamri ; 10h-22h ; S Chit Lom sortie 9 vers Sky Walk, Siam sortie 6 vers Sky Walk). Excellents produits de soin à base de plantes.

Karmakamet (plan p. 80, E2 ; www.karmakamet.co.th ; 3e ét., CentralWorld, Th Ratchadamri ; 10h-21h30 ; S Chit Lom sortie 9 vers Sky Walk, Siam sortie 6 vers Sky Walk). Étonnant choix de parfums.

Propaganda (plan p. 80, B2 ; 4e ét., Siam Discovery Center, angle Th Phra Ram I et Th Phayathai ; 10h-21h ; S Siam sortie 1). Mr P, la mascotte de la marque est déclinée façon cartoon en lampes et autres articles.

Doi Tung (plan p. 80, B2 ; www.doitung.org ; 4e ét., Siam Discovery Center , angle Th Phra Ram I et Th Phayathai ; 10h- 21h ; S Siam sortie 1). Beaux tapis tissés main et délicates céramiques.

CentralWorld

CENTRE COMMERCIAL

32 Plan p. 80, E3

Avec plus de 500 magasins et 100 restaurants sur 8 niveaux, c'est l'un des plus grands centres commerciaux d'Asie du Sud-Est. Outre une patinoire, on y trouve une immense librairie **B2S**, et des parfums au Karmakamet, au 3e niveau. (www.centralworld.co.th ; Th Ratchadamri ; 10h-22h ; S Chit Lom sortie 9 vers Sky Walk, Siam sortie 6 vers Sky Walk)

Siam Paragon

CENTRE COMMERCIAL

33 Plan p. 80, C2

Paragon, "La fierté de Bangkok", illustre la passion de la ville pour la nouveauté et l'excès. Outre les habituelles marques haut de gamme, ce centre commercial comprend un vendeur de Lamborghini au 2e niveau, et, à l'étage au-dessus , le "centre de vie" True Urban Park qui comprend café, cybercafé et boutique vendant livres et musique. (www.siamparagon.co.th ; 991/1 Th Phra Ram I ; 10h-22h ; S Siam sorties 3 et 5)

Pinky Tailors VÊTEMENTS

34 Plan p. 80, H4

Les vestes de costume sont la spécialité de M. Pinky depuis 35 ans, et ses chemises, pour homme et femme, ont aussi leurs fidèles. Derrière le Mahatun Building. (www.pinkytailor.com ; 888/40 Mahatun Plaza, Th Ploenchit ; 10h-19h lun-sam ; S Phloen Chit sorties 2 et 4)

Narai Phand SOUVENIRS

35 Plan p. 80, E3

Les objets d'artisanat sont vendus à prix fixe dans cette échoppe climatisée tenue par l'État. Vous n'y dénicherez rien que vous n'ayez déjà vu sur les marchés, mais c'est une bonne adresse si le temps vous manque ou que le marchandage vous rebute. (www.naraiphand.com ; rdc, President Tower, 973 Th Ploenchit ; 10h-20h ; S Chit Lom sortie 7)

Marché de Pratunam VÊTEMENTS

36 Plan p. 80, E1

Les vêtements bon marché tiennent ici le haut du pavé : on pourrait consacrer des heures à passer en revue les T-shirts de l'immense **Baiyoke Garment Center**, mais il y a aussi, juste en face, les cinq étages du **Platinum Fashion Mall**, qui rassemble les dernières nouveautés de la mode sans griffe. (angle Th Phetchaburi Tat Mai et Th Ratchaprarop ; 10h-22h ; bateau-bus jusqu'à Pratunam Pier, S Ratchathewi sortie 4)

Pantip Plaza CENTRE COMMERCIAL

37 Plan p. 80, D1

Si vous supportez la foule et le harcèlement des vendeurs de DVD pornos, ce grand centre dédié sur plusieurs étages à l'informatique et à l'électronique pourrait être votre caverne d'Ali Baba. Les geeks y trouveront des logiciels, du matériel pour booster leur ordi, des périphériques et toutes sortes de gadgets. (604 Th Phetchaburi Tat Mai ; 10h-21h ; S Ratchathewi sortie 4)

Siam Discovery Center CENTRE COMMERCIAL

38 Plan p. 80, B2

Ce centre moderne abrite d'intéressantes enseignes thaïlandaises comme Doi Tung (p. 92) et Propaganda (p. 92). Les enfants pourront visiter le musée de cire de **Madame Tussaud** au 6e niveau. (angle Th Phra Ram I et Th Phayathai ; 10h-22h ; S Siam sortie 1)

Central Chidlom CENTRE COMMERCIAL

39 Plan p. 80, F3

Ces grands magasins à l'occidentale possèdent plusieurs adresses dans Bangkok, mais celle-ci, la plus grande du pays, est aussi la plus sympa. (www.central.co.th ; 1027 Th Ploenchit ; 10h-22h ; S Chit Lom sortie 5)

100% bangkokien
Victory Monument et ses environs

Comment y aller

S BTS Phaya Thai et Victory Monument

Pour découvrir un Bangkok sans rabatteurs ni touristes et presque sans centres commerciaux, prenez le BTS vers le nord jusqu'au quartier du monument de la Victoire (Victory Monument) : là vous verrez des Thaïlandais vaquant à leurs occupations habituelles, mais aussi quelques sites intéressants, de bons restaurants et des bars animés.

❶ Musée-palais Suan Pakkad

Cette **ancienne résidence royale** (วังสวนผักกาด ; Th Si Ayuthaya ; 100 B ; 9h-16h ; S Phaya Thai sortie 4) réunit huit maisons traditionnelles thaïlandaises en bois, bâties sur pilotis, où sont exposés objets d'art, antiquités et mobilier. Ses jardins paysagers sont une oasis de paix dans ce quartier très urbain.

❷ Aksra Theatre

Au restaurant de ce **théâtre** (09 2205 8888, poste 5702 ; 3e ét., King Power Complex, 8/1 Th Rang Nam ; 500-800 B ; spectacles 12h30-13h et 18h30-19h ; S Victory Monument sortie 2), vous pourrez assister à une représentation du *Ramakien* par de grandes marionnettes, animées chacune par trois marionnettistes, tout en grignotant au buffet thaïlandais.

❸ Raintree

Le **Raintree** (116/63-64 Th Rang Nam ; 18h-1h lun-sam ; S Victory Monument sortie 2) est l'un des derniers bastions de la “chanson de vie”, cette musique populaire thaïlandaise née avec la rébellion communiste des années 1960 et 1970.

❹ Pathé

Avec sa robuste cuisine thaïlandaise, son jukebox et son ambiance amusante, **le Pathé** (www.patherestaurant.com ; 507 Th Ratchawithi ; plats 80-250 B ; 14h-1h ; S Victory Monument sortie 4) offre une version thaïlandaise moderne d'un restaurant américain des années 1950.

❺ Fashion Mall

Lingerie bon marché, cosmétiques maison et extensions de cheveux, le **Fashion Mall** (Th Ratchawithi ; 10h30-minuit ; S Victory Monument sortie 2) est l'endroit parfait pour se faire une beauté.

❻ Monument de la Victoire

Le **Victory Monument** (อนุสาวรีย์ชัย ; angle Th Ratchawithi et Th Phayathai ; 24h/24 ; S Victory Monument sortie 2) est un obélisque érigé par le gouvernement militaire en 1941 pour commémorer une campagne menée en 1940 contre les Français au Laos.

❼ Saxophone Pub & Restaurant

Depuis plus de 30 ans, **Saxophone** (www.saxophonepub.com; 3/8 Th Phayathai ; 19h30-1h30 ; S Victory Monument sortie 2) reste l'un des endroits privilégiés où écouter de la musique live. Son cadre intime permet d'être près de l'orchestre.

❽ Sky Train Jazz Club

Le **Sky Train Jazz Club** (angle Th Rang Nam et Th Phayathai ; 17h-2h ; S Victory Monument sortie 2) ne ressemble pas vraiment à un club de jazz et c'est ce qui le rend si sympathique. Repérez l'enseigne et grimpez l'escalier couvert de graffitis jusqu'au toit.

❾ Wine Pub

Son ambiance chic et ses DJ ajoutent au charme du **Wine Pub** (www.pullmanbangkokkingpower ; 1er ét., Pullman Bangkok King Power, 8/2 Th Rang Nam ; 18h30-2h ; S Victory Monument sortie 2), l'une des adresses les moins chères où s'offrir un verre de vin en grignotant fromage et charcuterie d'importation.

Explorer

Bords du fleuve, Silom et Lumphini

Même si on ne le distingue pas toujours derrière les immeubles et les hôtels, Mae Nam Chao Phraya (le fleuve Chao Phraya) est la toile de fond de ces trois quartiers limitrophes. L'histoire est encore palpable dans l'architecture délabrée des bords du fleuve, tandis que Silom, le quartier financier de Bangkok, est ultramoderne et trépidant et que le parc Lumphini, juste à côté, est un havre de verdure dans la ville.

L'essentiel en un jour

Si vous êtes matinal, commencez la journée au **parc Lumphini** (p. 102). Poursuivez par une visite au **Queen Saovabha Memorial Institute** (p. 102), une étonnante ferme aux serpents.

Déjeunez d'un délicieux poulet grillé à **Kai Thort Jay Kee** (p. 106), puis faites un tour au **temple Sri Mariamman** (p. 103), avant d'aller jeter un coup d'œil aux photographies exposées à la **Kathmandu Photo Gallery** (p. 102). Passez le reste de l'après-midi à admirer les vitrines des antiquaires à **House of Chao** (p. 113) et **River City** (p. 113).

Offrez-vous un cocktail au coucher du soleil à **Viva & Aviv** (p. 110), puis embarquez pour un **dîner-croisière** (p. 108) le long du Chao Phraya. Sinon, restez sur la terre ferme et allez siroter un cocktail sur la terrasse panoramique du **Moon Bar** (p. 109), avant d'aller dîner à **nahm** (p. 105), un des meilleurs restaurants de spécialités thaïlandaises à Bangkok.

Pour une soirée gay à Silom, voir p. 98.

100% bangkokien

Quartier gay de Silom (p. 98)

Le meilleur du quartier

Gastronomie

nahm (p. 105)

Eat Me (p. 105)

Le Du (p. 108)

Bars avec terrasse sur le toit

Moon Bar (p. 109)

Sky Bar (p. 110)

Massages thaïlandais

Health Land (p. 103)

Ruen-Nuad Massage Studio (p. 102)

Avec des enfants

Parc Lumphini (p. 102)

Queen Saovabha Memorial Institute (p. 102)

Comment y aller

S **BTS** Sala Daeng, Ratchadamri, Chong Nonsi, Surasak et Saphan Taksin

M **MRT** Si Lom et Lumphini.

Ferry fluvial Tha Sathon/ Central Pier, Tha Oriental, Tha Si Phraya, River City Pier et Tha Marine Department.

100% bangkokien
Quartier gay de Silom

Les rues adjacentes à la partie basse de Th Silom attirent une foule de Bangkokiens et de touristes, grâce à leurs salons de massage et saunas, leurs spectacles érotiques sur la Duangthawee Plaza voisine, leurs bars décontractés en plein air sur Soi 4 et leurs clubs près de Soi 2.

1 Telephone et Balcony

Commencez la soirée le long de Soi 4, artère emblématique du Bangkok gay. On y trouve essentiellement des boutiques, bars et clubs homosexuels. Pour s'imprégner de l'ambiance du quartier, rendez-vous au **Telephone Pub** (www.telephonepub.com ; 114/11-13 Soi 4, Th Silom ; 18h-1h ; ; M Si Lom sortie 2, S Sala Daeng sortie 1) et, juste en face, au **Balcony** (www.balconypub.com ; 86-88 Soi 4, Th Silom ; 17h-2h ; ; M Si Lom sortie 2, S Sala Daeng sortie 1).

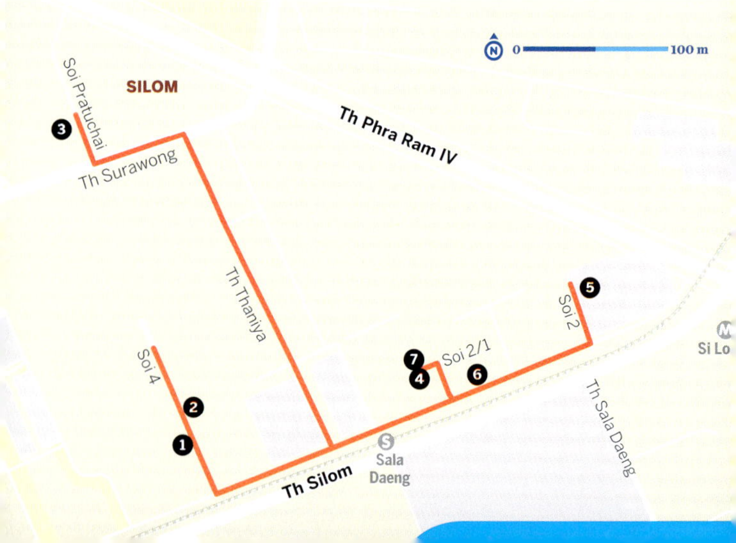

❷ Bearbie

Bearbie (2e ét., 82 Soi 4, Th Silom ; ⏲20h-1h mar-jeu, 20h-2h ven-dim ; M Si Lom sortie 2, S Sala Daeng sortie 1) est un bar-karaoké dédié à la clientèle bear.

❸ Duangthawee Plaza

Si vous trouvez le Soi 4 trop sage, rendez-vous en face, à **Duangthawee Plaza** (Soi Twilight ; Soi Pratuchai ; ⏲19h-1h ; M Si Lom sortie 2, S Sala Daeng sortie 3), où sont alignés des clubs de strip-tease exclusivement réservés aux hommes ; l'équivalent gay de Th Patpong. Attendez-vous à des spectacles érotiques tape-à-l'œil, exécutés par de jeunes hommes qui ont l'air de s'ennuyer.

❹ Men Factory

Si vous appréciez les saunas, **Men Factory** (www.mfsauna.com ; Soi 2/1, Th Silom ; 150 B ; ⏲midi-2h ; M Si Lom sortie 2, S Sala Daeng sortie 1) propose tout un éventail d'activités, du massage thaï (tous les jours) aux soirées déshabillées les mercredis, vendredis et dimanches.

❺ DJ Station

DJ Station (www.dj-station.com ; 8/6-8 Soi 2, Th Silom ; à partir de 150 B ; ⏲22h-2h ; M Si Lom sortie 2, S Sala Daeng sortie 1) est une des plus légendaires discothèques gays de Bangkok. Arrivez à 23h30 pour le spectacle quotidien de cabaret, ou plus tard, pour vous déhancher sur la piste aux côtés d'une clientèle locale huppée. La petite rue abrite quantité d'autres bonnes adresses. Entrée : de 150 B à 300 B.

❻ Silom Society

Au **Silom Society** (12/3 Th Silom ; ⏲9h-2h ; Wi-Fi ; M Si Lom sortie 2, S Sala Daeng sortie 1), un café ouvert jusque tard, l'ambiance gay se fait discrète. L'endroit parfait pour faire une pause et reprendre des forces.

❼ G Bangkok

Étagé sur trois niveaux, **G Bangkok** (Guys on Display ; Soi 2/1, Th Silom ; entrée 300 B ; ⏲23h-tard ; M Si Lom sortie 2, S Sala Daeng sortie 1) accueille parmi les meilleurs DJ et attire une clientèle essentiellement d'expatriés. C'est l'endroit où aller après la fermeture de DJ Station (et de presque tous les bars de la ville). Entrée : 300 B.

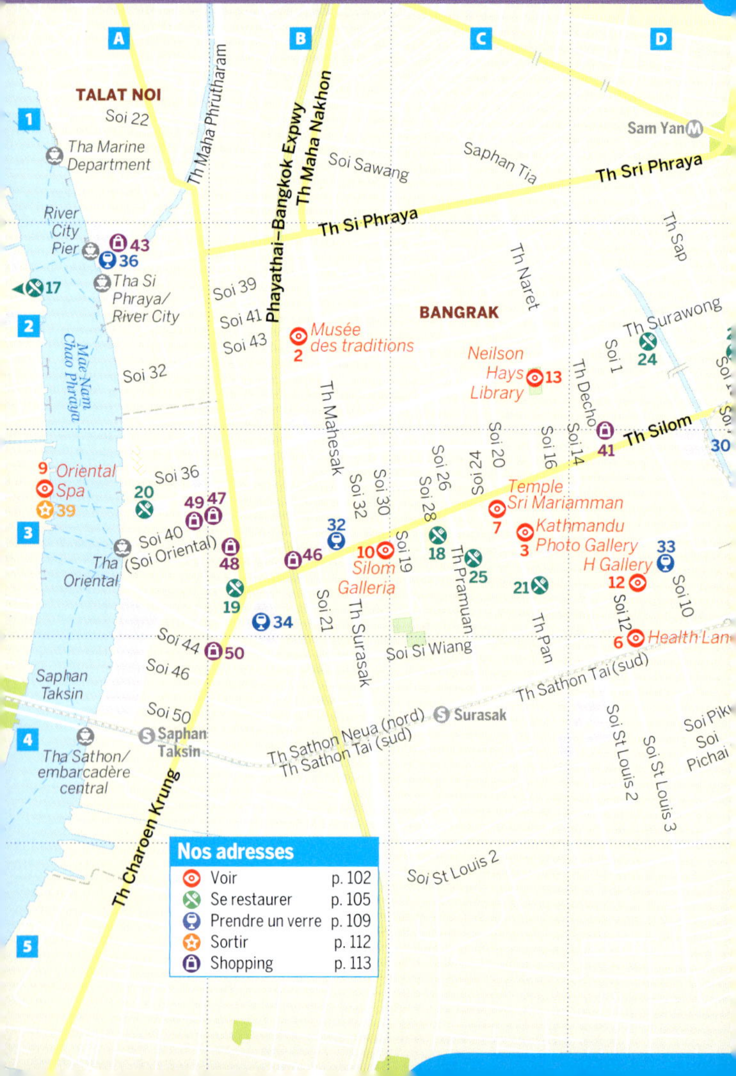
A
B
C
D
1
2
3
4
5
TALAT NOI
BANGRAK
Soi 22
Tha Marine Department
Th Maha Phrutharam
Phayathai–Bangkok Expwy
Th Maha Nakhon
Soi Sawang
Saphan Tia
Sam Yan
Th Sri Phraya
Th Si Phraya
River City Pier
43
36
17
Tha Si Phraya/ River City
Soi 39
Soi 41
Soi 43
Mae Nam Chao Phraya
2 Musée des traditions
Th Naret
Th Sap
Th Surawong
Soi 1
24
Neilson Hays Library 13
Th Decho
Soi 32
Th Mahesak
Soi 20
Soi 16
Soi 14
41
Th Silom
30
9 Oriental Spa
39
Soi 36
20
49 47
Soi 24
Soi 26
Soi 28
Soi 30
Soi 32
Temple Sri Mariamman 7
Soi 40 (Soi Oriental)
Tha Oriental
48
32
46
10 Silom Galleria
Soi 19
18
25
Th Pramuan
3 Kathmandu Photo Gallery
H Gallery
33
12
19
34
Soi 21
Th Surasak
21
Soi 12
Soi 10
Th Pan
6 Health Land
Soi 44
50
Soi 46
Soi Si Wiang
Saphan Taksin
Soi 50
Th Sathon Tai (sud)
Surasak
Saphan Taksin
Th Sathon Neua (nord)
Th Sathon Tai (sud)
Tha Sathon/ embarcadère central
Soi St Louis 2
Soi St Louis 3
Soi Pikul
Soi Pichai
Th Charoen Krung
Soi St Louis 2
Nos adresses
Voir p. 102
Se restaurer p. 105
Prendre un verre p. 109
Sortir p. 112
Shopping p. 113

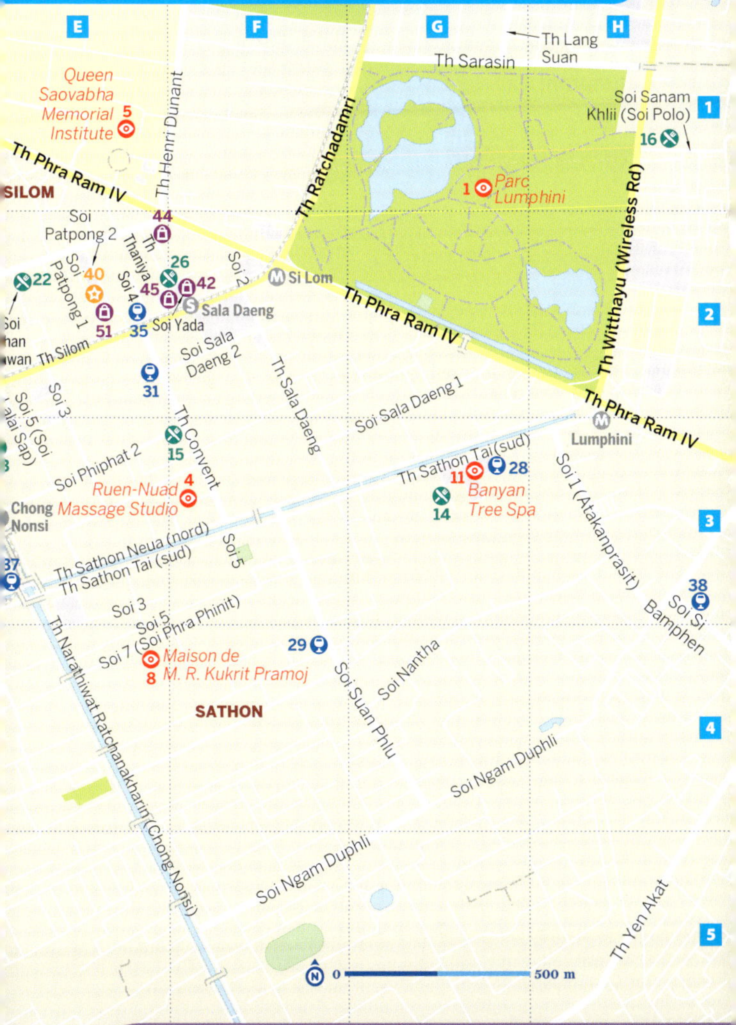

E
F
G
H
1
2
3
4
5
Queen Saovabha Memorial Institute 5
Th Lang Suan
Th Sarasin
Soi Sanam Khlii (Soi Polo)
16
Th Henri Dunant
Th Ratchadamri
1 Parc Lumphini
Th Phra Ram IV
SILOM
Soi Patpong 2
44
Th Thaniya
26
Soi 2
Si Lom
22
40
Soi Patpong 1
Soi 4
45
42
Sala Daeng
51
35
Soi Yada
Th Silom
Soi Sala Daeng 2
Th Witthayu (Wireless Rd)
31
Th Sala Daeng
Soi Sala Daeng 1
Soi 3
Soi 5 (Soi Lalai Sap)
Th Convent
15
Lumphini
Soi Phiphat 2
4
Ruen-Nuad Massage Studio
Chong Nonsi
Th Sathon Tai (sud)
11
28
Banyan Tree Spa
14
Soi 1 (Atakanprasit)
Th Sathon Neua (nord)
Th Sathon Tai (sud)
Soi 5
37
38
Soi Si Bamphen
Soi 3
Soi 5
Soi 7 (Soi Phra Phinit)
29
Maison de M. R. Kukrit Pramoj 8
Soi Nantha
Soi Suan Phlu
Th Narathiwat Ratchanakharin (Chong Nonsi)
SATHON
Soi Ngam Duphli
Soi Ngam Duphli
Th Yen Akat
0
500 m

Voir

Parc Lumphini

ESPACE VERT

1 Plan p. 100, G1

La ville natale du Bouddha, au Népal, a donné son nom au parc Lumphini, havre de paix en plein centre de Bangkok. Son grand lac artificiel, ses sentiers ombragés et ses pelouses soignées font oublier le brouhaha de la circulation et les tours de bétons. Il est fréquenté par de nombreux cyclistes, joggeurs, joueurs de *dà·grôr* (football thaïlandais) et adeptes de tai-chi. Mieux vaut y venir le matin, quand il fait encore frais (pour Bangkok). Attendez-vous à croiser à n'importe quel moment d'énormes lézards moniteurs. (สวนลุมพินี ; bordé par Th Sarasin, Th Phra Ram IV, Th Witthayu/Wireless Rd et Th Ratchadamri ; 4h30-21h ; ; M Lumphini sortie 3, Si Lom sortie 1, S Sala Daeng sortie 3, Ratchadamri sortie 2)

Musée des Traditions

MUSÉE

2 Plan p. 100, B2

Ce musée (appelé aussi Bangogkian Museum) dépeint le Bangkok des années 1950 et 1960. On peut admirer du mobilier d'époque dans les deux premières maisons et le musée adjacent est consacré à l'histoire locale. Une visite guidée informelle (en anglais) est proposée et les photos sont autorisées. (พิพิธภัณฑ์ชาวบางกอก ; 273 Soi 43, Th Charoen Krung ; entrée libre ; 10h-16h mar-dim ; Tha Si Phraya)

Kathmandu Photo Gallery

GALERIE D'ART

3 Plan p. 100, C3

L'unique galerie de Bangkok entièrement dévolue à la photographie est logée dans une belle *shophouse* sino-portugaise restaurée. Le travail du propriétaire, le célèbre photographe thaïlandais Manit Sriwanichpoom, est visible au rez-de-chaussée. Le 1er étage accueille des expositions temporaires d'artistes locaux et internationaux. (www.kathmandu-bkk.com ; 87 Th Pan ; entrée libre ; 11h-19h mar-dim ; S Surasak sortie 3)

Ruen-Nuad Massage Studio

MASSAGES

4 Plan p. 100, F3

Dans une maison en bois restaurée, ce charmant établissement ne s'inscrit pas dans la mouvance tapageuse et new age de la plupart des instituts de Bangkok, et pratique des tarifs abordables. (0 2632 2662 ; 42 Th Convent ; massage 350 B/h ; 10h-21h ; M Si Lom sortie 2, S Sala Daeng sortie 2)

Queen Saovabha Memorial Institute

FERME AUX SERPENTS

5 Plan p. 100, E1

Fondé en 1923, voici un des rares établissements dans le monde consacré à l'élevage de serpents pour l'élaboration d'anavenins. Un petit musée est dédié aux serpents et on peut assister à la collecte quotidienne du venin (à 11h du lundi au vendredi)

Kathmandu Photo Gallery

Des manipulateurs de ces reptiles font des démonstrations (à 14h30 du lundi au vendredi, et à 11h les samedis et dimanches) dans un amphithéâtre en plein air. (สถานเสาวภา, ferme aux serpents ; angle Th Phra Ram IV et Th Henri Dunant ; adulte/enfant 200/50 B ; ⏲9h30-15h30 lun-ven, 9h30-13h sam-dim ; 🚻 ; M Si Lom sortie 1, S Sala Daeng sortie 3)

Health Land — MASSAGES

6 ◎ Plan p. 100, D4

Principale succursale d'un empire de longue date du massage thaï, Health Land propose des massages et des soins d'un bon rapport qualité/prix, dans un environnement très propre. L'endroit est prisé ; mieux vaut réserver au moins un jour à l'avance. (☎0 2637 8883 ; www.healthlandspa.com ; 120 Th Sathon Neua/North ; massage 500 B/2h ; ⏲9h-21h30 ; S Surasak sortie 3)

Temple Sri Mariammane — TEMPLE

7 ◎ Plan p. 100, C3

Aussi prospère que flamboyant, ce temple hindou tranche avec les maisons voisines. Construit dans les années 1860 par des immigrants tamouls, ce temple hindou est un lieu de culte haut en couleur entre la façade multicolore du bâtiment principal et les fidèles de religions et d'ethnies différentes qui viennent y faire des offrandes. Les Thaïlandais l'appellent Wat Khaek. (วัด พระศรีมหาอุมาเทวี/วัดแขก, Wat Phra Si Maha Umathewi ; angle Th Silom et Th Pan ; entrée libre ; ⏲6h-20h ; S Surasak sortie 3)

Maison de M. R. Kukrit Pramoj

BÂTIMENT HISTORIQUE

8 Plan p. 100, E4

Ayant étudié en Europe mais Thaïlandais dans l'âme, l'ex-Premier ministre Mom Ratchawong Kukrit Pramoj vivait jadis ici. Il sut s'entourer du meilleur des deux cultures : cinq pavillons en teck où l'art thaïlandais et la littérature occidentale se côtoient dans le souvenir de conversations grisantes. Le lieu étant parfois fermé pour des événements, téléphonez avant de vous y rendre. (บ้านหม่อมราชวงศ์คึกฤทธิ์ปราโมช ; ☎ 0 2286 8185 ; Soi 7/Phra Phinit, Th Narathiwat Ratchanakharin ; adulte/enfant 50/20 B ; 10h-16h ; S Chong Nonsi sortie 2)

Oriental Spa

SPA

9 Plan p. 100, A3

Considéré comme l'un des meilleurs spas du monde, l'Oriental Spa est une référence dans sa catégorie. Tous les soins doivent être réservés ; le jet-lag massage, qui aide à se remettre du décalage horaire, est très apprécié. Ce spa est situé en face du Mandarin Oriental, de l'autre côté du Chao Phraya, et est accessible en navette fluviale. (☎ 0 2659 9000, poste 7440 ; www.mandarinoriental.com/bangkok/luxury-spa ; Mandarin Oriental, 48 Soi 40, Th Charoen Krung ; forfait massage/spa à partir de 2 900 B ; 9h-22h ; Tha Oriental ou navette fluviale depuis Tha Sathon/Central Pier)

À savoir

La ruée vers l'art

Bangkok accueille un nombre sans cesse grandissant de galeries d'art privées. Pour les connaître et savoir quelles expositions méritent une visite pendant votre séjour, consultez la **Bangkok Art Map** (www.facebook.com/bangkokartmap).

Silom Galleria

GALERIES D'ART

10 Plan p. 100, B3

Ce centre commercial dédié à l'art et aux bijoux paraît plutôt vide, mais il mérite cependant la visite car il abrite trois des meilleures galeries d'art de Bangkok : **Number 1 Gallery** (www.number1gallery.com ; 10h-19h lun-sam), **Tang Gallery** (11h-19h lun-sam), et **Thavibu Gallery** (www.thavibu.com ; 11h-18h lun-sam), situées aux 4e et 5e niveaux. Entrée libre. (919/1 Th Silom ; 11h-22h ; S Surasak sortie 3)

Banyan Tree Spa

SPA

11 Plan p. 100, G3

La compétence de son personnel et son équipement high-tech justifient la brillante réputation de cet hôtel-spa. Allez-y pour ses soins uniques inspirés des traditions thaïes ou pour son “Tranquility Hydro Mist” digne d'un James Bond. (☎ 0 2679 1052 ; www.banyantreespa.com ; 21e ét., Banyan Tree Hotel, 21/100 Th Sathon Tai/South ; forfaits massages à partir de 3 500 B, forfaits spa à partir de 6 500 B ; 9h-22h ; M Lumphini sortie 2)

H Gallery
GALERIE D'ART

12 Plan p. 100, D3

Logée dans un bâtiment colonial en bois restauré, H Gallery est considérée comme un tremplin pour de jeunes artistes d'envergure internationale comme Jakkai Siributr et Somboon Hormthienthong. (www.hgallerybkk.com ; 201 Soi 12, Th Sathon Neua/North ; entrée libre ; 10h-18h mer-sam, mar sur rdv ; S Chong Nonsi sortie 1)

Neilson Hays Library
BIBLIOTHÈQUE

13 Plan p. 100, C2

La plus ancienne bibliothèque anglophone de Thaïlande date de 1922. Elle offre un bon choix de livres pour enfants et d'ouvrages sur le pays. Les non-membres doivent s'acquitter d'un droit d'entrée de 50 B. Salle climatisée. (www.neilsonhayslibrary.com ;195 Th Surawong ; adhésion à partir de 1 900 B ; 9h30-17h mar-dim ; S Surasak sortie 3)

Se restaurer

nahm
THAÏLANDAIS $$$

14 Plan p. 100, G3

Le chef australien et auteur David Thompson règne sur ce qui est sans toute le meilleur restaurant thaïlandais de Bangkok. S'inspirant de vieux livres de recettes, il a redonné vie à des plats oubliés comme le curry de poisson fumé aux crevettes, foies de poulet, coques et poivre. Un délice. Réservation fortement conseillée. (0 2625 3388 ; www.comohotels.com/metropolitanbangkok/dining/nahm ; rdc, Metropolitan Hotel, 27 Th Sathon Tai/South ; menu déj 1 300 B, menu dîner 2 000 B, plats 260-700 B ; midi-14h lun-ven, 19h-22h30 tlj ; M Lumphini sortie 2)

Bon plan

Au fil de l'eau

Une croisière sur le Chao Phraya est une balade idéale pour échapper à la circulation incessante et avoir un aperçu de l'histoire maritime de la ville. Les hôtels installés au bord du fleuve disposent de beaux bateaux (qui sont normalement réservés aux clients, mais le personnel n'est pas très regardant) assurant un service gratuit de navette. Ces bateaux font généralement la navette entre Tha Sathon (appelé aussi Central Pier) et leur hôtel toutes les 10-15 minutes. C'est gratuit, sans bousculade et un membre de l'équipage en uniforme vous aidera à embarquer et débarquer.

Eat Me
INTERNATIONAL $$$

15 Plan p. 100, F3

À lire sa carte où figurent des descriptions telles que “raviolis à la figue et au fromage bleu servies avec un beurre noisette aux noix et au romarin” ou “tagine de joue de bœuf au safran et aux dates”, on pourrait penser que ce restaurant, établi de longue date, se la joue un peu. En réalité, c'est un pur et simple régal. Une ambiance animée, décontractée et raffinée, de délicieux cocktails, une belle carte des vins, des desserts parmi les meilleurs de la ville : voilà qui en fait l'un de nos restaurants favoris. (☎0 2238 0931 ; www.eatmerestaurant.com ; Soi Phiphat 2 ; plats 340-4 500 B ; ⏲15h-1h ; 🍸 ; M Si Lom sortie 2, S Sala Daeng sortie 2)

Kai Thort Jay Kee

THAÏLANDAIS DU NORD-EST $$

16 Plan p. 100, H1

Même si le sôm·đam (salade de papaye verte épicée), le riz gluant et le lâhp ("salade" thaïlandaise épicée de viande émincée) sont des plats qui peuvent faire penser à un restaurant de style nord-thaïlandais, la spécialité au poulet frit – qui donne son nom au restaurant – est en fait une spécialité du Sud. Le poulet est servi couvert d'une épaisse couche croustillante d'ail frit. Une expérience authentiquement bangkokienne ! (Soi Polo Fried Chicken ; 137/1-3 Soi Sanam Khlii/Polo ; plats 40-280 B ; ⏲11h-21h ; M Lumphini sortie 3)

À savoir

Réservations

Si vous êtes nombreux ou si vous souhaitez vous attabler dans un restaurant plutôt haut de gamme (y compris un hôtel-restaurant), la réservation est vivement conseillée. Mieux vaut aussi réserver pour les brunchs du dimanche et les dîners-croisières. En dehors de ces cas particuliers, vous n'aurez généralement aucun mal à trouver une table dans la grande majorité des restaurants de la capitale.

Never Ending Summer

THAÏLANDAIS $$

17 Plan p. 100, A2

Installé dans un ancien entrepôt, dans un ensemble dissimulé au bord du fleuve, ce restaurant raffiné attire une clientèle branchée par ses plats thaïlandais à l'ancienne tels que des cubes de pastèque servis avec une "sauce" sèche à base de poisson, de sucre et de coquilles Saint-Jacques frites ou un curry vert, très parfumé, au porc et aux piments oiseaux frais. (☎0 2861 0953 ; www.facebook.com/TheNeverEndingSummer ; 41/5 Th Charoen Nakhon ; plats 140-350 B ; ⏲11h-23h ; ⛴bateau pour traverser le fleuve depuis River City Pier)

Taling Pling

THAÏLANDAIS $$

18 Plan p. 100, C3

Cet établissement, en activité depuis longtemps, a récemment posé ses fourneaux dans un bâtiment plus huppé (un petit centre commercial "communautaire"). Heureusement, le menu reste le même, avec de savoureuses spécialités thaïlandaises préparées essentiellement avec du poisson et des légumes. (Baan Silom, Soi 19, Th Silom ; plats 110-245 B ; ⏲11h-22h ; S Surasak sortie 3)

Muslim Restaurant
THAÏLANDAIS MUSULMAN $

19 Plan p. 100, B3

Dans un cadre qui vous donnera un aperçu des restaurants bangkokiens d'autrefois, cet établissement sert une cuisine qui ne semble pas non plus avoir changé en 70 ans d'existence. Ses biryanis, ses curries et ses samosas sont toujours davantage d'inspiration indienne que thaïlandaise. (1354-6 Th Charoen Krung ; plats 40-140 B ; 6h30-17h30 ; Tha Oriental, S Saphan Taksin sortie 1)

PETER UNGER / GETTY IMAGES ©

Moon Bar (p. 109)

Le Normandie
FRANÇAIS $$$

20 Plan p. 100, A3

Depuis plusieurs décennies, Le Normandie est une des tables les plus raffinées de Bangkok. Différents chefs étoilés se succèdent en cuisine et assurent la réputation de l'établissement. Réservation et costume-cravate de rigueur. (0 2659 9000, poste 7670 ; www.mandarinoriental.com/bangkok/fine-dining/le-normandie ; Mandarin Oriental, 48 Soi 40, Th Charoen Krung ; plats 980-3 750 B ; midi-14h30 et 19h-23h lun-sam, 19h-23h dim ; Tha Oriental ou navette fluviale de l'hôtel depuis Tha Sathon/Central Pier)

Chennai Kitchen
INDIEN $

21 Plan p. 100, C3

Cette minuscule cantine familiale proche du temple hindou sert une solide cuisine végétarienne du sud de l'Inde. La *dosa* (une galette croustillante) est une valeur sûre et si vous êtes en appétit, optez pour le thali, un plat servi dans une feuille de bananier, qui semble comporter tous les ingrédients présents en cuisine. (107/4 Th Pan ; plats 70-150 B ; 10h-15h et 18h-21h30 ; ; S Surasak sortie 3)

Dai Masu
JAPONAIS $$

22 Plan p. 100, E2

Ce restaurant japonais, au chaleureux cadre rétro, a pour spécialité le *yakiniku* (viande au barbecue). Nous avons aussi un faible pour ses savoureux petits à-côtés tels que batonnets de concombre et délicieuse marinade ou salade d'aubergines coupées en tranches ultra fines.

100% bangkokien

Dîners-croisières

Plusieurs compagnies organisent des dîners-croisières le long du Chao Phraya. Vous trouverez tous les renseignements nécessaires auprès du **Guichet d'information de River City** (plan p. 100, A2 ; 0 2639 4532, 0 2237 0077 ; www.rivercity.co.th ; rdc, River City, 23 Th Yotha ; 10h-22h ; Tha Si Phraya/River City ou navette fluviale depuis Tha Sathon), qui vend des billets pour **Grand Pearl** (0 2861 0255 ; www.grandpearlcruise.com ; croisière 19h30-21h30), **Chao Phraya Cruise** (0 2541 5599 ; www.chaophrayacruise.com ; croisière 19h-21h), **Wan Fah** (0 2622 7657 ; www.wanfah.in.th/eng/dinner ; croisière 19h-21h), **Chao Phraya Princess** (0 2860 3700 ; www.thaicruise.com ; croisière 19h45-21h45) et **White Orchid** (0 2476 5207 ; www.thairivercruise.com ; croisière 19h45-21h45). Tarif entre 1 500 B et 1 700 B. Les croisières partent du River City Pier et durent 2 heures.

(www.facebook.com/shichirinizakayadaimasu ; 9/3 Soi Than Tawan ; plats 49-300 B ; 11h30-14h et 18h-23h, jusqu'à 22h sam-dim ; M Si Lom sortie 2, S Sala Daeng sortie 1)

Le Du

INTERNATIONAL **$$$**

23 Plan p. 100, E3

Le Du joue la fusion entre la cuisine thaïlandaise et les saveurs occidentales, en privilégiant la fraîcheur des ingrédients de saison. Pour en apprécier toute la subtilité, et la créativité dans les desserts, optez pour les menus dégustations (4/7 plats 990/1 590 B) servis au dîner. (0 92919 9969 ; www.ledubkk.com ; 399/3 Soi 7, Th Silom ; plats 220-2 900 B ; 11h30-14h30 et 18h-23h lun-ven, 18h-23h sam ; ; S Chong Nonsi sortie 2)

Somboon Seafood

SINO-THAÏLANDAIS **$$$**

24 Plan p. 100, D2

Somboon Seafood est un établissement connu pour servir le meilleur crabe au curry de la capitale. Le *bplah grà·pohng nêung see·éw* (bar cuit à la vapeur de soja) est également une spécialité, et comme tout bon plat de poisson thaïlandais, il se déguste avec une immense assiette de *kôw pàt bpoo* (riz sauté au crabe) et, ce qui bien sûr le rend encore meilleur, une grande tablée d'amis (0 2233 3104 ; www.somboonseafood.com ; angle Th Surawong et Th Narathiwat Ratchanakharin/Chong Nonsi ; plats 120-900 B ; 16h-23h30 ; S Chong Nonsi sortie 3)

Kalapapruek

THAÏLANDAIS **$**

25 Plan p. 100, C3

Ce restaurant fréquenté par des dames bien coiffées en tailleur strict en soie – un gage de qualité à Bangkok – propose à ses clients des spécialités de toutes les régions de Thaïlande, des plats du jour et parfois des plats de saison. (27 Th Pramuan ; plats 60-330 B ; 8h-18h lun-sam, 8h-15h dim ; S Surasak sortie 3)

Sushi Tsukiji

JAPONAIS **$$**

26 Plan p. 100, F2

Th Thaniya comptant de nombreux bars à hôtesses destinés aux touristes japonais, les restaurants japonais installés dans le quartier sont donc de qualité. Tsukiji (qui doit son nom au fameux marché au poisson de Tokyo) est spécialisé dans le poisson cru. Les prix sont très élevés le soir, mais à l'heure du déjeuner, vous pourrez déguster des assortiments de sushis pour seulement 198 B. (62/19-20 Th Thaniya ; 60-700 B/sushi ; 11h-14h et 17h30-22h30 ; **M** Si Lom sortie 2, **S** Sala Daeng sortie 1)

Soi 10 Food Centres

THAÏLANDAIS **$**

27 Plan p. 100, D2

Ces deux immenses bâtiments mitoyens cachés derrière le Soi 10 sont, à l'heure du déjeuner, le Q.G. des employés de bureau du quartier. Vous pourrez choisir parmi d'authentiques *kôw gaang* (choix de curries avec du riz) et une grande variété de nouilles thaïlandaises.(Soi 10, Th Silom ; plats 20-60 B ; 8h-14h lun-ven ; **M** Si Lom sortie 2, **S** Sala Daeng sortie 1)

Prendre un verre

Moon Bar

BAR

28 Plan p. 100, G3

Pionnier de la mode des terrasses sur le toit, le bar du Banyan Tree Hotel offre un panorama à couper le souffle. Si vous le pouvez, il est préférable d'arriver avant le coucher du soleil pour profiter des meilleures places, celles qui sont du côté droit et d'où la vue est la plus spectaculaire. Comme dans tous les bars chics de la ville, shorts et/ou tongs ne sont pas tolérés. (www.banyantree.com/en/web/banyantree/ap-thailand-bangkok/vertigo-and-moon-bar ; 61e ét., Banyan Tree Hotel, 21/100 Th Sathon Tai/South ; 17h-1h ; **M** Lumphini sortie 2)

Smalls

BAR

29 Plan p. 100, F4

Dans le genre nouveau, mais qui a l'air d'être là depuis toujours, Smalls conjugue un décor intérieur d'une insolente décadence, une agréable terrasse sur le toit et le plaisir de la musique live les jeudis et vendredis. Les cocktails maison, forts et éclectiques, peuvent s'accompagner d'un éventail d'en-cas allant des rillettes aux quesadillas. (186/3 Soi Suan Phlu ; 20h30-tard ; **M** Lumphini sortie 2 et taxi)

Namsaah Bottling Trust

BAR

30 Plan p. 100, D3

Namsaah a l'art de jouer sur de subtils effets de surprise. Depuis la maison – une ancienne demeure peinte en rose vif et décorée dans l'esprit discothèque, jusqu'aux cocktails – classiques revisités – en passant par les en-cas et plats – du genre *pàt tai* au foie gras. (www.namsaah.com ; 401 Soi 7, Th Silom ; **M** Si Lom sortie 2, **S** Sala Daeng sortie 2)

Vesper

BAR

31 Plan p. 100, E2

L'un des plus nouveaux bars de Bangkok n'a malheureusement rien que de très classique. Comme son nom l'indique, l'accent est mis sur les cocktails, dont plusieurs classiques remis à l'honneur et des mélanges de boissons vieillis en fût de chêne pendant six semaines. (www.vesperbar.co ; 10/15 Th Convent ; 11h30-14h30 et 17h-minuit lun-jeu, 11h30-14h30 et 17h-1h ven, 17h-1h sam, 17h-minuit dim ; M Si Lom sortie 2, S Sala Daeng sortie 2)

Maggie Choo's

BAR

32 Plan p. 100, B3

Une ancienne chambre forte à l'ambiance de fumerie d'opium, des passages secrets et des femmes alanguies en robe de soie feraient oublier que le nouveau Maggie Choo's est en réalité un bar, ne seraient-ce les cocktails créatifs et une clientèle où se mêlent Thaïlandais adeptes des selfies et touristes curieux pour vous le rappeler. Le dimanche : soirée gay. Les autres soirs : ambiance hétéro. (www.facebook.com/maggiechoos ; sous-sol, Novotel Bangkok Fenix Silom, 320 Th Silom ; 19h30-2h sim-jeu, jusqu'à 3h ven-sam ; S Surasak sortie 1)

Hanakaruta

BAR

33 Plan p. 100, D3

Les bouteilles qui couvrent les murs du sol au plafond en disent long sur la vocation du lieu. On vient ici pour boire, à commencer par du saké ou du *shochu*, mais l'*umeshu* (alcool de prune) maison nous a également plu. Choix d'en-cas (60-680 B) et service d'une efficacité toute japonaise. (www.facebook.com/hanakaruta ; Soi 10, Th Sathon Neua/North ; 18h-2h lun-sam ; S Chong Nonsi sortie 1)

Sky Bar

BAR

34 Plan p. 100, B3

Du haut du 63ᵉ étage de ce complexe de restaurants haut de gamme, le Sky Bar dispose de la terrasse la plus élevée au monde et offre un panorama époustouflant sur le Chao Phraya. Tenue correcte exigée. (www.lebua.com/sky-bar ; 63ᵉ ét., State Tower, 1055 Th Silom ; 18h-1h ; S Saphan Taksin sortie 3)

Tapas Room

CLUB

35 Plan p. 100, E2

Même si elle est installée en plein quartier gay, cette discothèque, qui se déploie sur deux niveaux, réussit à attirer une clientèle très variée. Nous vous conseillons d'y venir faire un tour, si votre emploi du temps vous le permet, entre le jeudi et le samedi, quand l'ambiance musicale est assurée par des DJ et par des percussionnistes. (114/17-18 Soi 4, Th Silom ; 19h-2h ; M Si Lom sortie 2, S Sala Daeng sortie 1)

Viva & Aviv

BAR

36 Plan p. 100, A2

Belle situation au bord du fleuve, terrasse agréable et ambiance conviviale font de ce bar-restaurant

Comprendre
Patpong

Les nombreuses enseignes lumineuses de Patpong laissent peu de doute sur l'industrie dominante de ce quartier, célèbre dans le monde entier pour ses clubs de strip-tease.

Les origines

Patpong occupe deux *soi* situés entre Th Silom et Th Surawong, dans le quartier financier de Bangkok. Les rues portent le nom de la famille sino-thaïlandaise qui en est la propriétaire : les Patpongpanich ont acheté cette terre dans les années 1940 et ont édifié Patpong Soi 1 et ses maisons-boutiques (*shophouses*) ; Soi 2 a vu le jour un peu plus tard. Pendant la guerre du Vietnam, les premiers bars et clubs ont ouvert leurs portes pour les soldats américains en permission. Le quartier s'est développé dans les années 1970 et a atteint son apogée dans les années 1980, quand l'office du tourisme thaïlandais a commencé à faire des "attractions" de Patpong un pilier de ses campagnes de communication.

La prostitution en Thaïlande

La prostitution est illégale en Thaïlande, mais il existe néanmoins deux millions de travailleurs du sexe qui, pour l'écrasante majorité d'entre eux (hommes et femmes), ont pour clients des hommes thaïlandais.
La plupart de ces travailleurs viennent de régions pauvres, comme l'Isan au nord-est ; d'autres sont parfois des étudiants cherchant à financer leurs études. Les sociologues avancent que les Thaïlandais envisagent le sexe d'un point de vue moins moralisateur que les Occidentaux. Cela ne veut pas dire que les épouses thaïlandaises voient d'un bon œil leur mari fréquenter des prostituées, mais ce n'est que récemment, grâce à l'émancipation des femmes à travers les études et le travail, que cette pratique très répandue a été remise en cause.

Patpong aujourd'hui

Patpong s'est, quelque peu, assagi, grâce, notamment, au marché de nuit qui s'installe dans le *soi* après 17h et qui attire tant de touristes que le quartier est devenu une sorte de parc à thème du sexe. On peut encore croiser beaucoup d'hommes d'âge moyen reluquant des danseuses dans les coins sombres des bars et payant des "amendes" pour pouvoir emmener une fille à l'hôtel. Mais les touristes et les familles venus là simplement par curiosité sont également très nombreux.

une des meilleures adresses à Bangkok d'où admirer le coucher du soleil. Côté menu, on trouve des pizzas, des en-cas à base de viande et des salades. (www.vivaaviv.com ; rdc, River City, 23 Th Yotha ; 11h-minuit ; Tha Si Phraya/River City)

Ku Dé Ta

DISCOTHÈQUE

37 Plan p. 100, E3

Grande nouveauté (au propre comme au figuré) dans la vie nocturne de la ville, le Ku Dé Ta de Bangkok comprend plusieurs bars, deux restaurants et une vaste discothèque. Drois d'entrée de 500 B après 22h les vendredis et samedis. (www.kudeta.com/bangkok ; 38e et 39e ét., Sathorn Square Complex, 98 Th Sathon Neua/North ; 11h-1h lun-jeu, jusqu'à 3h ven-sam ; S Chong Nonsi sortie 1)

Wong's Place

BAR

38 Plan p. 100, H3

Rendez-vous des expatriés branchés, le Wong's est une adresse légendaire réputée pour son ambiance chaleureuse et décontractée ; un endroit idéal pour finir la soirée en écoutant de vieux tubes. N'arrivez pas avant minuit et bonne chance si vous partez avant l'aube. (27/3 Soi Si Bamphen ; 21h-tard mar-dim ; M Lumphini sortie 1)

Sortir

Bamboo Bar

MUSIQUE LIVE

Le Bamboo Bar du Mandarin Oriental (voir 20 plan p. 100, A3) est réputé pour ses musiciens de jazz lounge et son ambiance coloniale, avec palmiers, sièges en rotin et clientèle nonchalante. Renseignez-vous auparavant au bar sur les artistes en résidence lors de votre visite. (0 2236 0400 ; www.mandarinoriental.com/bangkok/fine-dining/the-bamboo-bar ; rez-de-chaussée, Mandarin Oriental, 48 Soi 40, Th Charoen Krung ; 11h-23h45 dim-jeu, jusqu'à 0h45 ven-sam ; Tha Oriental ou navette fluviale de l'hôtel depuis Tha Sathon/Central Pier)

Sala Rim Naam

THÉÂTRE

39 Plan p. 100, A3

L'historique Mandarin Oriental propose un dîner-spectacle dans un magnifique pavillon thaïlandais en teck situé de l'autre côté du fleuve, à Thonburi. Les prix élevés s'adressent à la clientèle huppée de l'hôtel, mais les spectacles sont de qualité. (0 2437 3080 ; www.mandarinoriental.com/bangkok/fine-dining/sala-rim-naam ; Mandarin Oriental Hotel, Soi 40, Th Charoen Krung ; billets 2 825 B ; dîner et spectacle 20h15-21h30 ; Tha Oriental ou navette fluviale de l'hôtel depuis Tha Sathon/Central Pier)

Patpong

QUARTIER CHAUD

40 Plan p. 100, E2

Patpong (p 111), l'un des plus célèbres quartiers chauds au monde, voit aujourd'hui ses “atouts” largement entamés par le tourisme moderne. Fausses montres Rolex et T-shirts Diesel sont plus visibles que la prostitution. Si la chose vous tente, mettez-vous d'accord sur le prix de l'entrée et des boissons avant de vous asseoir dans un club de strip-tease en étage, sinon vous risquez fort de vous retrouver avec une addition astronomique. (Soi Patpong 1 et 2, Th Silom ; 16h-2h ; M Si Lom sortie 2, S Sala Daeng sortie 1)

Shopping

House of Chao

ANTIQUITÉS

41 Plan p. 100, D3

Cette boutique d'antiquités, sur 3 étages dans une ancienne shophouse, recèle tout ce qu'il faut pour aménager une demeure coloniale. Ne manquez pas les portes et treillages anciens visibles dans le hangar, derrière la salle d'exposition (9/1 Th Decho ; 9h30-19h ; S Chong Nonsi sortie 3)

Everyday by Karmakamet

ARTISANAT

42 Plan p. 100, F2

En partie café, en partie vitrine de la marque éponyme, c'est la boutique de souvenirs idéale avec son vaste choix de bougies, d'encens, d'huiles essentielles et autres articles parfumés ou non. (Soi Yada ; 10h-22h ; M Si Lom sortie 2, S Sala Daeng sortie 1)

River City

ANTIQUITÉS

43 Plan p. 100, A2

Si vous n'avez le temps de voir qu'un seul magasin d'antiquités, optez pour ce centre commercial de 4 étages dédié aux objets d'art d'époque pour dénicher une statue birmane du Bouddha, de la soie noire ou encore un service à thé en *benjarong* (porcelaine traditionnelle

Patpong

royale). La qualité a cependant un prix. Expéditions possibles à l'étranger. (www.rivercity.co.th ; 23 Th Yotha ; 10h-22h ; Tha Si Phraya/River City)

Jim Thompson

MODE

44 Plan p. 100, E2

Voici la plus grande enseigne de la chaîne fondée par Jim Thompson, qui relança l'industrie de la soie thaïlandaise. On y trouve des mouchoirs, des sets de table, des écharpes et des coussins en soie colorée. Les styles et les motifs séduiront une clientèle aux goûts classiques (www.jimthompson.com ; 9 Th Surawong ; 9h-21h ; M Si Lom sortie 2, S Sala Daeng sortie 3)

Tamnan Mingmuang ARTISANAT

45 Plan p. 100, F2

En franchissant les portes de cette boutique digne d'un musée, on est aussitôt assailli par l'agréable odeur d'herbe séchée et de bois ciré. Les motifs de rotang (palmier à rotin), *yahn lí·pow* (sorte de fougère) et jacinthe d'eau finement tissés sur des étoffes semblables à des soieries, et les bols délicats sculptés dans des coques de noix de coco dureront plus longtemps que les souvenirs vendus dans les rues. (2e ét., Thaniya Plaza, Th Thaniya ; 11h-20h ; M Si Lom sortie 2, S Sala Daeng sortie 1)

OTOP Walking Street MARCHÉ

46 Plan p. 100, B3

Cette rue piétonne situé sous une voie rapide a été transformée en marché en plein air où sont vendus des produits alimentaires régionaux, de l'artisanat et des vêtements, tous fabriqués sous les auspices du projet gouvernemental éponyme. Le marché est ouvert tous les jours, il bat son plein le mardi et le mercredi, avec davantage de marchands et une animation par des spectacles traditionnels. (Phayathai-Bangkok Expressway ; 11h-21h ; S Saphan Taksin sortie 1)

Lin & Sons Jewellers BIJOUX

47 Plan p. 100, B3

Si Lin est un peu plus chère que la plupart des bijouteries de Bangkok, c'est parce qu'elle a le mérite de proposer des articles authentiques. On peut y dénicher des pièces classiques comme des colliers en argent, des bracelets ou des boutons de manchette gravés à l'inscription de votre choix. (12/2 Soi 40, Th Charoen Krung ; 9h-18h30 lun-sam ; Tha Oriental)

Comprendre

7-Eleven 4 Ever

Bangkok compte 2 700 supérettes 7-Eleven, soit près d'un tiers du nombre d'enseignes recensées dans tous les États-Unis. Elles sont tellement omniprésentes dans la capitale thaïlandaise qu'il n'est pas rare de trouver deux boutiques se faisant face dans la même rue. L'entreprise s'enorgueillit de proposer un choix de plus de 2 000 articles dans ses magasins, mais les saveurs thaïlandaises ne sont guère représentées dans les filiales de Bangkok dont les rayons alimentaires proposent plutôt de la *junk food*. Comme partout en Thaïlande, on n'y vend de l'alcool que de 11h à 14h et de 17h à minuit, et les enseignes situées à proximité des hôpitaux, des temples et des écoles ne vendent ni alcool ni cigarettes.

Maison Des Arts

ARTISANAT

48 Plan p. 100, B3

De la vaisselle artisanale en inox jonche cet entrepôt de vente au détail. Le style des pièces remonte à plusieurs siècles et le personnel ne se montre absolument pas pressant envers les clients indécis. (1334 Th Charoen Krung ; 11h-18h lun-sam ; Tha Oriental)

Thai Home Industries

ARTISANAT

49 Plan p. 100, A3

Rien à voir avec les boutiques de souvenirs habituelles. Cet immense bâtiment a plutôt des allures de grenier abandonné bourré d'objets traditionnels thaïlandais. Vous pourrez fouiner à votre aise au milieu des objets en bronze, en argent (surtout des couverts) ou autres babioles inattendues, sans être importuné par le personnel. (35 Soi 40, Th Charoen Krung ; 9h-18h30 lun-sam ; Tha Oriental)

Chiang Heng

ACCESSOIRES

50 Plan p. 100, B4

Si vous avez besoin d'un wok en inox fait main ou d'une passoire à lait de coco, rendez-vous dans ce magasin familial ouvert depuis 3 générations. Même si vos placards de cuisine sont pleins, l'endroit mérite le détour, ce genre de petite boutique ayant presque totalement disparu à Bangkok. Pas d'enseigne en anglais, mais des portes en bois bleu. (1466 Th Charoen Krung ; 10h30-19h ; S Saphan Taksin sortie 3)

À savoir

Contrefaçons

La contrefaçon est monnaie courante à Bangkok. Même si les prix peuvent vous sembler attractifs, sachez que la confection, la vente et l'achat de contrefaçons sont illégales.

Marché de nuit de Patpong

SOUVENIRS

51 Plan p. 100, E2

Depuis la création de ce marché, les clubs de strip-tease ne sont plus la seule "attraction" de Patpong. Dans ce quartier habitué aux activités illicites, les contrefaçons abondent sous les yeux le plus souvent innocents d'une foule de familles. Marchandez ferme : les prix annoncés sont exhorbitants. (Soi Patpong 1 et 2, Th Silom ; 18h-minuit ; M Si Lom sortie 2, S Sala Daeng sortie 1)

100% bangkokien
RCA (Royal City Avenue)

Comment y aller

M MRT Phra Ram 9 sortie 3 puis taxi.

Les discothèques, salles de concerts et bars qui jalonnent la RCA (Royal City Avenue) sont depuis longtemps le rendez-vous des jeunes noctambules de la capitale. Ces dernières années, cependant, la clientèle a pris de la bouteille, les établissements se sont diversifiés et on y rencontre aujourd'hui tous les âges.

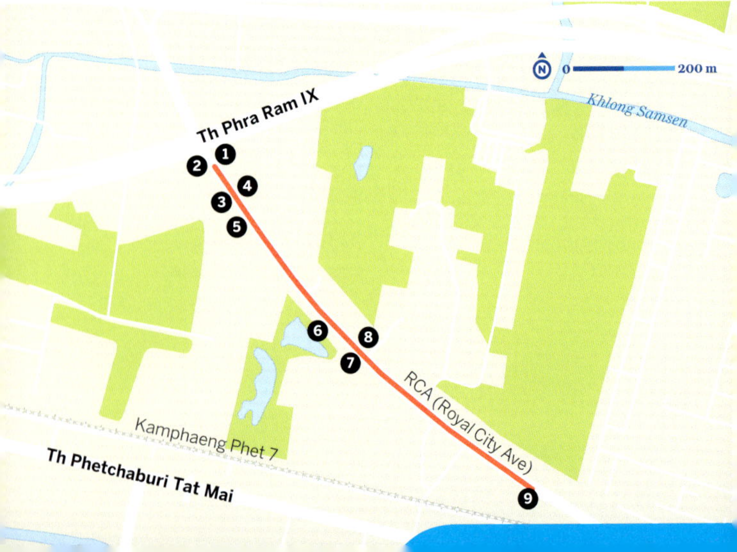

❶ Mama Noodle Stall

Ce **stand** (RCA, près de Th Phra Ram IX ; plats à partir de 50 B ; ⏲21h-2h), ouvert tard, prépare les nouilles instantanées préférées des Thaïlandais en les améliorant par du vrai bouillon, des légumes et des produits de la mer. D'où son succès.

❷ Slim/Onyx

Une sorte d'initiation festive, avec un premier niveau ambiance Top 40 au **Slim** (www.facebook.com/slimbkk ; 29/22-32 RCA, près de Th Phra Ram IX ; entrée 400 B ; ⏲21h-2h), puis passage au degré supérieur, la porte à côté, à l'**Onyx** (onyxbangkok.com/home/th/ ; Royal City Ave/ RCA, près de Th Phra Ram IX ; entrée à partir de 500 B ; ⏲8h-tard), avec musiques électroniques pour se déchaîner sur la piste et horaires tardifs.

❸ Route 66

Installé de très longue date, **Route 66** (www.route66club.com ; 29/33-48 RCA, près de Th Phra Ram IX ; entrée 300 B ; ⏲20h-2h) continue d'attirer les foules. Top 40 et hip-hop sont à l'honneur, mais d'autres espaces permettent d'écouter de la pop thaïlandaise et des concerts.

❹ Patisserie Mori Osaka

Malgré son nom à consonance japonaise, la **Patisserie Mori Osaka** (www.facebook.com/patisseriemoriosaka ; RCA, près de Th Phra Ram IX ; pâtisseries 90-130 B ; ⏲11h-22h) vend de bonnes pâtisseries d'inspiration occidentale.

❺ Castro

Coyote boys (danseurs torse nu), dark lounge et fermeture tardive : le plus grand **club gay** (www.facebook.com/Castro.rca.bangkok ; RCA, près de Th Phra Ram IX ; entrée 180 B ; ⏲21h30-2h) de RCA réunit l'essentiel pour une soirée mémorable.

❻ Vesbar

Sur le thème de la Vespa, ce **bar** (www.facebook.com/GoVesBar ; RCA, près de Th Phra Ram IX; ⏲11h-minuit) sert des mets internationaux et des bières étrangères. Il accueille des musiciens de jazz les mercredis, vendredis et samedis.

❼ Taksura

Le **Taksura** (RCA, près de Th Phra Ram IX ; ⏲18h-2h) à la déco rétro tient du pub et du restaurant. On peut accompagner sa boisson de savoureux *gàp glâam* (amuse-gueules épicés).

❽ Rehab

Musique électro et jeux de lumière ne sont pas votre truc ? Vous préférez la bière artisanale à la vodka ? Direction ce **bar** (www.facebook.com/rehabrca ; RCA, près de Th Phra Ram IX ; ⏲17h30-2h) douillet où jouent des musiciens de jazz et de blues.

❾ House

House (www.houserama.com ; 3e ét., RCA Plaza, RCA, près de Th Phra Ram IX) est le premier cinéma d'art et d'essai de Bangkok ; il programme de nombreux films étrangers indépendants.

Explorer

Sukhumvit

Le quartier le plus cosmopolite de Bangkok s'organise autour de Th Sukhumvit et rassemble enclaves japonaises, restaurants français, clubs moyen-orientaux et établissements liés au tourisme sexuel. Les temples et les rizières d'autrefois ont été remplacés par des centres commerciaux, des discothèques et divers équipements destinés à la classe moyenne thaïlandaise, aux expatriés et aux touristes.

L'essentiel en un jour

Commencez votre journée par un petit tour au **marché de Khlong Toey** (p. 122), le plus important et le plus animé du centre de Bangkok. Ensuite, prenez le MRT pour aller visiter la **Kamthieng House** (p. 122) une maison-musée beaucoup plus paisible.

Profitez des restaurants internationaux qui jalonnent Sukhumvit pour vous offrir un déjeuner moyen-oriental au **Nasir Al-Masri** (p. 125). Faites-vous faire un costume sur mesure chez un tailleur du quartier comme **Raja's Fashions** (p. 134). Puis allez vous faire masser à **Coran** (p. 129) ou à l'**Asia Herb Association** (p. 129).

Démarrez la soirée par un cocktail au bar/galerie d'art **WTF** (p. 128). Pour dîner, que diriez-vous d'un restaurant thaïlandais huppé comme **Bo.lan** (p. 123) ou de **Jidori-Ya Kenzou** (p. 122), un merveilleux japonais ? Poursuivez par un concert à **Living Room** (p. 132) ou **Titanium** (p. 132), avant d'aller danser à **Grease** (p. 129) ou dans une discothèque d'**Arena 10** (p. 130).

Le meilleur du quartier

Cuisine étrangère

Jidori-Ya Kenzou (p. 122)

Nasir Al-Masri (p.125)

Discothèques

Grease (p. 129)

Arena 10 (p. 130)

Glow (p. 130)

Souvenirs originaux

Shop @ TCDC (p. 133)

ZudRangMa Records (p. 133)

Massages thaïlandais

Asia Herb Association (p. 129)

Musique live

Titanium (p. 132)

Living Room (p. 132)

Bonne cuisine

Little Beast (p. 122)

Avec des enfants

Bo.lan (p. 123)

Comment y aller

S **BTS** Nana, Asok, Phrom Phong, Thong Lo et Ekkamai

M **MRT** Khlong Toei, Queen Sirikit National Convention Centre et Sukhumvit

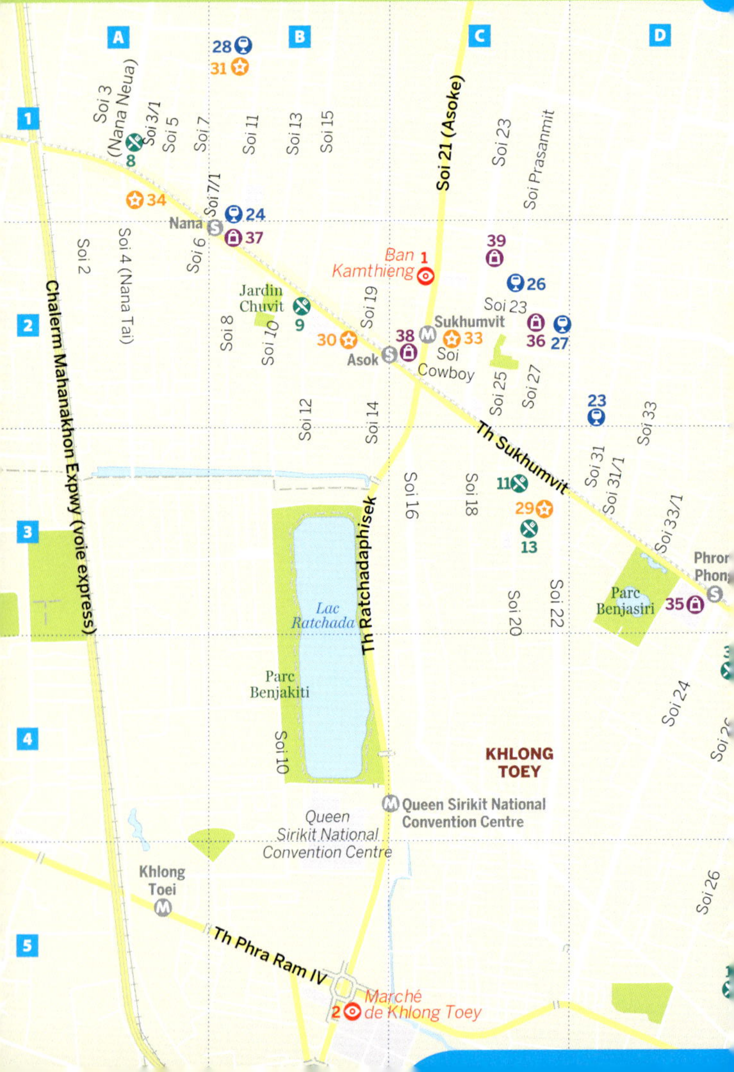
A
B
C
D
1
2
3
4
5
28
31
Soi 3 (Nana Neua)
Soi 3/1
Soi 5
Soi 7
Soi 11
Soi 13
Soi 15
Soi 21 (Asoke)
Soi 23
Soi Prasanmit
8
34
Soi 7/1
Nana
24
37
Soi 6
Soi 2
Soi 4 (Nana Tai)
Ban Kamthieng 1
39
26
Jardin Chuvit
9
Soi 19
Soi 23
Soi 8
Soi 10
30
38
Sukhumvit
33
36
27
Asok
Soi Cowboy
Soi 25
Soi 27
Chalerm Mahanakhon Expwy (voie express)
Soi 12
Soi 14
23
Soi 33
Th Sukhumvit
Soi 31
Soi 31/1
Soi 16
Soi 18
11
29
13
Soi 33/1
Th Ratchadaphisek
Lac Ratchada
Soi 20
Soi 22
Parc Benjasiri
35
Parc Benjakiti
Soi 24
Soi 10
KHLONG TOEY
Queen Sirikit National Convention Centre
Queen Sirikit National Convention Centre
Khlong Toei
Soi 26
Th Phra Ram IV
2 Marché de Khlong Toey

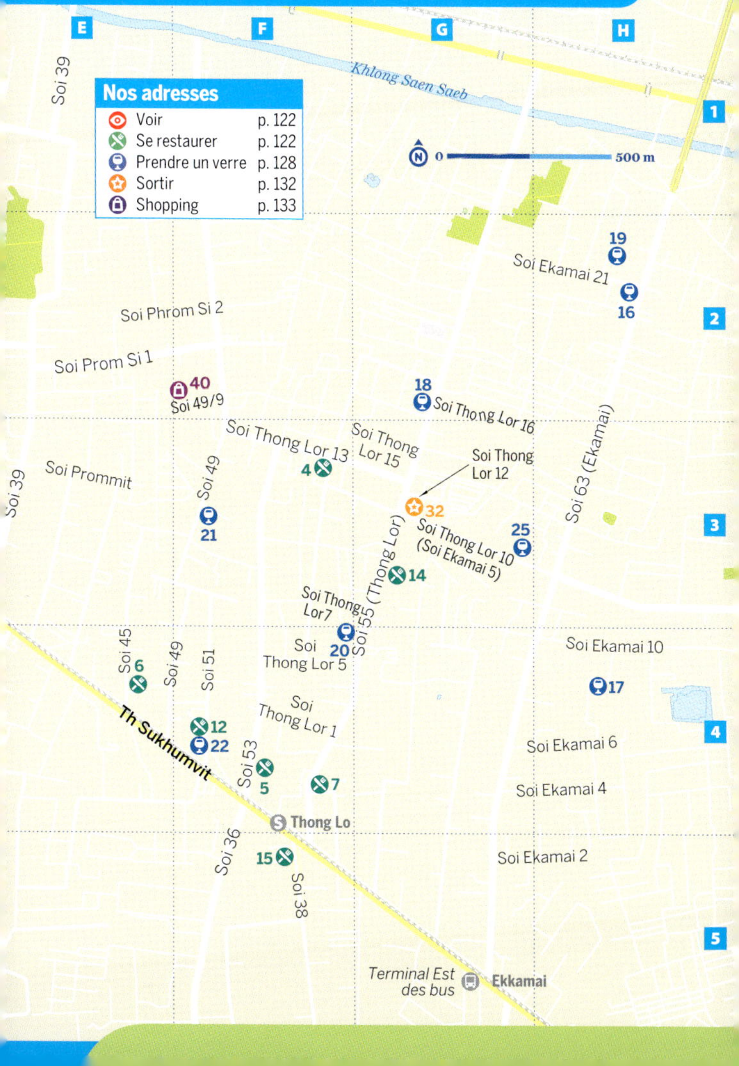

Nos adresses
Voir p. 122
Se restaurer p. 122
Prendre un verre p. 128
Sortir p. 132
Shopping p. 133
E
F
G
H
1
2
3
4
5
0
500 m
Khlong Saen Saeb
Soi 39
Soi Ekamai 21
Soi Phrom Si 2
Soi Prom Si 1
Soi 49/9
Soi Thong Lor 16
Soi Thong Lor 13
Soi Thong Lor 15
Soi Thong Lor 12
Soi Prommit
Soi 49
Soi 63 (Ekamai)
Soi Thong Lor 10 (Soi Ekamai 5)
Soi 55 (Thong Lor)
Soi Thong Lor 7
Soi Thong Lor 5
Soi 45
Soi 51
Soi Ekamai 10
Soi Thong Lor 1
Th Sukhumvit
Soi 53
Soi Ekamai 6
Soi Ekamai 4
Thong Lo
Soi 36
Soi 38
Soi Ekamai 2
Terminal Est des bus
Ekkamai

Voir

Kamthieng House

MUSÉE

1 Plan p. 120, C2

En pénétrant dans cette maison-musée en bois traditionnelle, vous vous retrouverez transporté dans un village du nord de la Thaïlande où vous découvrirez la vie quotidienne de la maisonnée, avec ses tâches, ses rituels et ses croyances. Ce musée est géré par la Siam Society, également installée dans les lieux, connue pour être très active dans la préservation de la culture traditionnelle et qui publie le *Journal of the Siam Society*. (บ้านคำเที่ยง ; Siam Society, 131 Soi 21/Asoke, Th Sukhumvit ; adulte/enfant 100 B/gratuit ; 9h-17h mar-sam ; M Sukhumvit sortie 1, S Asok sortie 3 ou 6)

À savoir

La clé des *soi*

Tous les *soi* à numéro impair adjacents à Th Sukhumvit partent en direction du nord, tandis que les *soi* à numéro pair partent en direction du sud. Malheureusement, les *soi* ne se suivent pas (le Soi 11, par exemple, se trouve en face du Soi 8, et le Soi 39 en face du Soi 26). Les principaux *soi* sont aussi souvent connus sous un autre nom comme Soi Nana Neua (Soi 3), Soi Asoke (Soi 21), Soi Thong Lor (Soi 55) et Soi Ekamai (Soi 63).

Marché de Khlong Toey

MARCHÉ

2 Plan p. 120, B5

La majeure partie de ce vous mangerez à Bangkok proviendra probablement de ce marché de gros, un des plus grands de la ville. Même si certains recoins ne sont pas franchement photogéniques, vous aurez malgré tout envie d'immortaliser les montagnes de durians et la jovialité des poissonniers. Arrivez de bonne heure, de préférence avant 9h. (ตลาดคลองเตย ; angle Th Ratchadaphisek et Th Phra Ram IV ; 5h-10h ; M Khlong Toei sortie 1)

Se restaurer

Jidori-Ya Kenzou

JAPONAIS $$$

3 Plan p. 120, D4

Un de nos restaurants préférés à Bangkok : ce chaleureux japonais fait d'excellents plats à base de tofu, de délicieuses salades et même des desserts. Tout est d'une qualité supérieure, mais le summum, ce sont les brochettes de poulet fumé, assaisonnées à la perfection. (Près de Soi 26, Th Sukhumvit ; plats 60-350 B ; 17h-minuit lun-sam ; S Phrom Phong sortie 4)

Little Beast

INTERNATIONAL $$$

4 Plan p. 120, F3

Sous influence de la cuisine moderne américaine, Little Beast n'a rien de très local, mais c'est très bon : délicieux plats de viande, bonnes salades et parmi les meilleurs desserts de la ville (les sandwichs glacés méritent à eux

NISA AND ULLI MAIER PHOTOGRAPHY / GETTY IMAGES ©

Marché de Khlong Toey

seuls le détour). (☎ 0 2185 2670 ; www.facebook.com/littlebeastbar ; 44/9-10 Soi Thong Lor 13 ; plats 300-750 B ; ⏰ 17h30-1h lun-sam, 11h-16h dim ; 📶 ; S Phrom Phong sortie 3 et taxi)

Bo.lan

THAÏLANDAIS **$$$**

5 🍴 Plan p. 120, F4

Bo et Dylan (Bo.lan signifie aussi "ancien") prouvent que la haute cuisine thaïlandaise a toute sa place à Bangkok. Leur approche érudite se traduit par des menus de saison qui font la part belle aux plats que l'on ne trouve nulle part ailleurs. Il est conseillé de réserver. (☎ 0 2260 2962 ; www.bolan.co.th ; 24 Soi 53, Th Sukhumvit ; menu 380-2 280 B ; ⏰ 12h30-14h30 et 19h-22h30 jeu-dim, 18h-22h30 mar-mer ; 🍷 ; S Thong Lo sortie 1)

Quince

INTERNATIONAL **$$$**

6 🍴 Plan p. 120, E4

En 2011, le Quince a fait une entrée très remarquée sur la scène gastronomique bangkokienne avec sa décoration industrielle-rétro et sa carte éclectique aux influences internationales. Depuis, sa formule a été archicopiée, mais il conserve sa première place grâce à son art de concocter des plats aux riches saveurs, souvent marqués par des influences espagnoles ou moyen-orientales. Il est conseillé de réserver. (☎ 0 2662 4478 ; www.quincebangkok.com ; Soi 45, Th Sukhumvit ; plats 250-1 800 B ; ⏰ 11h30-minuit ; 🍷 ; S Phrom Phong sortie 3)

Comprendre

L'ABC du wát ?

Bangkok compte des centaines de *wát*, temples-monastères qui sont aussi au cœur de la vie sociale.

Bâtiments et structures

Même le plus petit des *wát* comprend généralement un *bòht*, un *wí·hăhn* et des quartiers où vivent les moines.

Bòht La salle des ordinations, ou salle des prières la plus sacrée du *wát*, souvent de surface et de forme semblable à celle du *wí·hăhn*. Outre qu'il n'abrite pas la représentation principale du Bouddha, le *bóht* est reconnaissable à sa décoration généralement plus riche et à ses huit bornes qui marquent ses frontières.

Chedi (stupa). Imposant reliquaire en forme de cloche comprenant généralement dans sa structure cinq éléments représentant (du bas vers le haut) la terre, l'eau, le feu, l'air et le vide. Selon le *wát*, il renferme des reliques du Bouddha, les restes d'un roi thaïlandais ou ceux d'un autre notable.

Tour du tambour Elle fait monter le son des tambours de cérémonie que battent les novices.

Hŏr đrai C'est la bibliothèque des manuscrits bouddhiques. Ces textes étant autrefois écrits sur des feuilles de palmier, le *hŏr đrai* était traditionnellement construit en hauteur ou au-dessus de l'eau pour les protéger des inondations et des termites.

Mon·dòp Construction carrée, ouverte sur les côtés, dotée de quatre arches et d'un toit pyramidal, où sont vénérés objets ou textes religieux.

ɓrahng Haute tour de forme phallique, d'origine khmère, qui a la même fonction religieuse que le *chedi*.

Săh·lah (sala) Pavillon, souvent ouvert sur les côtés, dédié à la relaxation, à l'enseignement ou à des activités diverses.

Wí·hăhn (vihara) Sanctuaire du temple accueillant la principale représentation du Bouddha, où les fidèles peuvent venir déposer leurs offrandes. Dans son architecture classique, il est doté d'une toit à trois niveaux représentant les trois joyaux du bouddhisme : le Bouddha (le maître), le dharma (l'enseignement) et le sangha (les fidèles).

Soul Food Mahanakorn
THAÏLANDAIS $$$

7 Plan p. 120, F4

Toujours aussi branché, le Soul Food doit son succès au fait qu'il est à la fois un agréable restaurant – avec de savoureuses interprétations de la cuisine rustique thaïlandaise et du Sud-Est asiatique – et un bar aux délicieux cocktails d'inspiration thaïlandaise. Réservation conseillée. (0 2714 7708 ; www.soulfoodmahanakorn.com ; 56/10 Soi 55/ Thong Lor, Th Sukhumvit ; plats 150-300 B ; 17h30-minuit ; ; S Thong Lo sortie 3)

Nasir Al-Masri
MOYEN-ORIENT $$$

8 Plan p. 120, A1

Parmi les divers restaurants moyen-orientaux de Soi 3/1, Nasir Al-Masri se reconnaît facilement à son impressionnant décor en inox, du sol au plafond. Côté carte, la viande prédomine comme souvent dans la cuisine moyen-orientale, mais il y a aussi de délicieux mezze végétariens. (4/6 Soi 3/1, Th Sukhumvit ; plats 160-370 B ; 24h/24 ; ; S Nana sortie 1)

Myeong Ga
CORÉEN $$$

9 Plan p. 120, B2

Au rez-de-chaussée du Sukhumvit Plaza (un centre commercial surnommé "Korean Town"), voici notre meilleure adresse à Bangkok pour goûter la véritable cuisine de Séoul. Si vous avez du temps, essayez le barbecue coréen. Sinon, il y a plusieurs plats savoureux pour une personne. (rdc, Sukhumvit Plaza, angle Soi 12 et Th Sukhumvit ; plats 200-950 B ; 11h-22h mar-dim, 16h-22h lun ; M Sukhumvit sortie 3, S Asok szortie 2)

Tenkaichi Yakiton Nagiya
JAPONAIS $$

10 Plan p. 120, D5

Originaire de Tokyo, ce restaurant agréable et animé est un des meilleurs et des plus prisés *izakaya* (sorte de bistrot japonais) de la capitale. Ses spécialités sont le *nabe* (fondue japonaise) et les *yakitori* (brochettes de viande). Beaucoup de monde (et d'attente) le week-end. (www.nagiya.com ; Nihonmachi 105, 115 Soi 26, Th Sukhumvit ; plats 90-160 B ; 17h-minuit ; S Phrom Phong sortie 4 puis taxi)

Bei Otto
ALLEMAND $$$

11 Plan p. 120, C3

Établi à Bangkok depuis près de 30 ans, Bei Otto se vante de cuisiner les

100% bangkokien

Cuisine internationale

Les différentes enclaves ethniques de Th Sukhumvit sont l'endroit idéal où tenter de nouvelles expériences culinaires. Surnommé Little Arabia, le Soi 3/1 compte plusieurs restaurants moyen-orientaux ; le Soi 12 réunit une poignée d'établissements coréens, et vous trouverez des restaurants japonais près de la station de métro aérien Phrom Phong.

meilleurs jarrets de porc de la ville. La bonne sélection de bières allemandes et l'épicerie fine où se fournir en excellent pain et en saucisses divines rendent cette adresse encore plus séduisante. (www.beiotto.com ; 1 Soi 20, Th Sukhumvit ; plats 185-698 B ; 11h-minuit ; ; M Sukhumvit sortie 2, S Asok sortie 4)

100% bangkokien

Brunch dominical

Le brunch du dimanche est devenu une institution à Bangkok – en particulier parmi les expatriés – et les hôtels le long de Th Sukhumvit en servent de délicieux :

Rang Mahal (plan p. 120, C3 ; 0 2261 7100 ; www.rembrandtbkk.com/dining/rang-mahal.htm ; 26e ét., Rembrandt Hotel, 19 Soi 20, Th Sukhumvit ; buffet 850 B ; 11h-14h30 dim ; ; M Sukhumvit sortie 2, S Asok sortie 6). Ce buffet indien est l'un des préférés de la communauté des expatriés de l'Asie du Sud.

Sunday Jazzy Brunch (plan p. 120, B2 ; 0 2649 8888 ; www.sheratongrandesukhumvit.com/sundayjazzybrunch ; 1er ét., Sheraton Grande Sukhumvit, 250 Th Sukhumvit ; adulte 2 320-3 470 B, enfant 1 210 B ; midi-15h dim ; ; M Sukhumvit sortie 3, S Asok sortie 2). Savourez un excellent brunch sur fond de concert de jazz.

Marriott Café (plan p. 120 , A1 ; 0 2656 7700 ; rdc, JW Marriott, 4 Soi 2, Th Sukhumvit ; buffet 1 990 B ; 11h30-14h30 dim ; ; S Nana sortie 3). Le brunch servi dans cet hôtel américain est digne d'un banquet.

Opposite Mess Hall

INTERNATIONAL $$$

12 Plan p. 120, F4

Comme souvent ses plats (du genre “savoureuse gaufre de canard, cuisse confite, pâté, peau croustillante et piccalilli”), l'Opposite ne saurait se définir en deux mots. Mais vu la beauté du cadre, l'amabilité du service et les délicieux cocktails, comment seriez-vous déçu ? Laissez tomber la carte pour choisir parmi les spécialités du jour inscrites sur l'ardoise. (0 2662 6330 ; www.oppositebangkok.com ; 2e ét., 27/2 Soi 51, Th Sukhumvit ; plats 120-650 B ; 18h30-22h30 mar-sam, 12h-14h et 18h30-22h30 dim ; ; S Thong Lo sortie 1)

Saras

INDIEN $

13 Plan p. 120, C3

Commandez au comptoir des *dosa* croustillantes, des menus régionaux ou de délicieux curries et on vous apportera vos plats à table. Jetez votre dévolu sur les douceurs du Pendjab et les *chaat* (en-cas sucrés et salés) exposés sur les présentoirs et savourez votre thé servi dans une tasse en faïence. Le luxe pour un fast-food ! (www.saras.co.th ; Soi 20, Th Sukhumvit ; plats 90-200 B ; 9h-22h30 ; ; M Sukhumvit sortie 2, S Asok sortie 4)

Étal de cuisine de rue à Sukhumvit I

Supanniga Eating Room

THAÏLANDAIS **$$**

14 Plan p. 120, G3

Dans la mouvance des restaurants servant de la cuisine régionale thaïlandaise dans un cadre soigné, ce charmant établissement propose des plats originaux, pour la plupart issus des provinces de l'ouest du pays. Mention aussi aux simples *dips* à la thaïlandaise, tartes, et riches curries, dont un menu entièrement végétarien. (www.supannigaeatingroom.com ; 160/11 Soi 55/Thong Lor, Th Sukhumvit ; plats 120-580 B ; 11h30-14h30 et 17h30-23h30 ; ; **S** Thong Lo sortie 3 puis taxi)

Marché de nuit de Soi 38

THAÏLANDAIS **$**

15 Plan p. 120, F5

Après avoir passé une soirée mouvementée dans les bars et les discothèques de Th Sukhumvit, rendez-vous dans ce bon vieux marché de nuit pour manger un morceau et reprendre des forces. Nous vous conseillons de privilégier le coin des étals réputés, dans l'allée à droite en entrant, ou d'opter pour les excellents burgers de Daniel Thaiger. (Soi 38, Th Sukhumvit ; plats 30-60 B ; 20h-3h ; **S** Thong Lo sortie 4)

À savoir

Doit-on laisser un pourboire ?

L'usage en matière de pourboire en Thaïlande est assez flou. Certains laissent environ 10% de supplément dans les restaurants où les serveurs remplissent leur verre dès qu'ils prennent une gorgée. Mais d'autres ne le font pas. La plupart des restaurants élégants ajoutent 10% à l'addition pour le service. Certains clients laissent un pourboire en plus du service ; d'autres pas. À vous de choisir.

Prendre un verre

WTF

BAR

Amusant et sympathique bar de quartier situé près du Studio Lam (voir 22 plan p. 120, F4), WTF (Wonderful Thai Friendship) se double d'une galerie d'art. Bobos et expatriés s'y retrouvent pour siroter un cocktail, écouter un concert ou des DJ, assister à une lecture de poésie, voir une exposition ou déguster de délicieux en-cas. (www.wtfbangkok.com ; 7 Soi 51, Th Sukhumvit ; 18h-1h mar-dim ; S Thong Lo sortie 3)

Tuba

BAR

16 Plan p. 120, H2

À la fois dépôt de meubles vintage de grande qualité, restaurant et sympathique rendez-vous des assoiffés du coin, ce bar atypique ne manque pas de pittoresque. Offrez-vous une bouteille entière (on vous la gardera si vous ne la finissez pas) et régalez-vous d'ailes de poulet ou de délicieux *lâhp* frit ("salade" de viande émincée et épicée). (34 Room 11-12 A, Soi Thong Lor 20/ Soi Ekamai 21 ; 11h-2h ; S Ekkamai sortie 1 et taxi)

Mikkeller

BAR

17 Plan p. 120, H4

Ces brasseurs danois "bohémiens" et branchés se sont installés à Bangkok où ils proposent plus de 30 bières à la pression. Le bar est accueillant, les en-cas sont bons et les bières vont du local (Sukhumvit Brown Ale) au délirant (Beer Geek, une stout à l'avoine à 13° d'alcool). (www.mikkellerbangkok.com ; 26 Yaek 2, Soi Ekamai 10 ; 17h-minuit ; S Ekkamai sortie 1 et taxi)

Badmotel

BAR

18 Plan p. 120, G2

Badmotel a l'art d'associer moderne et kitsch, cosmopolite et thaïlandais pour toucher la corde sensible des Bangkokiens branchés. C'est manifeste dans le mélange de Hale's Blue Boy, boisson des enfants thaïlandais, avec du rhum et des garnitures de desserts thaïlandais ou dans le *naam prik ong* (une sauce du nord de la Thaïlande) ici servie avec des papadums. (www.facebook.com/badmotel ; Soi 55/Thong Lor, Th Sukhumvit ; 17h-1h30 ; S Thong Lo sortie 3 et taxi)

Sugar Ray

BAR

19 Plan p. 120, H2

Tenu par une sympathique bande de garçons, le Sugar Ray est un bar cool qui concocte d'insolites et amusants cocktails comme l'Old Fashioned, composé de vieux rhum, d'orange et de sirop de cardamome avec un morceau de bacon caramélisé. (www.facebook.com/pages/Sugar-Ray-Youve-Just-Been-Poisoned/234918586711793 ; près de Soi Ekamai 21 ; 20h-2h mer, ven-sam ; S Ekkamai sortie 1 et taxi)

J. Boroski Mixology

BAR

20 Plan p. 120, F4

J. Boroski, à qui le lieu doit son nom, a innové en créant cet équivalent moderne d'un bar clandestin. Dites au barman les arômes dont vous rêvez, et, avec les meilleurs alcools et des ingrédients uniques, il vous concoctera un cocktail sur mesure mémorable. Le bar se situe dans une rue sans nom près de Soi Thong Lor 7 ; pour plus de précisions, voir le site Internet. (www.josephboroski.com ; près de Soi 55/Thong Lor, Th Sukhumvit ; 19h-2h ; ; S Thong Lo sortie 3 et taxi)

Grease

DISCOTHÈQUE

21 Plan p. 120, F3

La dernière née des discothèques, celle où l'ambiance est la plus chaude, est aussi la plus grande – il y a de quoi se perdre entre ses 4 niveaux de restaurants, salons et pistes de danse. (www.greasebangkok.com ; 46/12 Soi 49, Th Sukhumvit ; 18h-2h lun-sam ; S Phrom Phong sortie 3 et taxi)

100% bangkokien

Pause massage

Th Sukhumvit abrite quelques-uns des spas et instituts de massage les plus réputés de Bangkok :

Asia Herb Association (plan p. 120,F4 ; 0 2392 3631 ; www.asiaherbassociation.com ; 58/19-25 Soi 55/Thong Lor, Th Sukhumvit ; Thai massage 400 B/1 heure, massage thaïlandais avec compresses aux herbes 900 B/1 heure 30 ; 9h-2h ; S Thong Lo sortie 3). Spécialiste des massages aux *prà·kóp*, des compresses à base de 18 herbes différentes.

Coran (plan p. 120, H4 ; 0 2726 9978 ; www.coranbangkok.com ; 94-96/1 Soi Ekamai 10, Soi 63/Ekamai, Th Sukhumvit ; massage thaïlandais 600 B/h ; 11h-22h ; S Ekkamai sortie 4 puis taxi). Un petit spa élégant et discret, installé dans une maison thaïlandaise.

Divana Massage & Spa (plan p. 120, C2 ; 0 2261 6784 ; www.divanaspa.com ; 7 Soi 25, Th Sukhumvit ; massage à partir de 1 100 B, forfaits spa à partir de 2 350 B ; 11h-23h lun-ven, 10h-23h sam-dim ; M Sukhumvit sortie 2, S Asok sortie 6). Cadre authentique et intime, dans une jolie villa thaïlandaise entourée d'un jardin luxuriant.

À savoir

Heures d'ouverture

Depuis 2004, les autorités exigent que la plupart des bars et discothèques de Bangkok ferment à 1h. Un système de zonage permet à certains établissements situés dans des "zones de loisirs" – dont RCA, Th Silom et des portions de Th Sukhumvit – de rester ouverts jusqu'à 2h, mais ces autorisations sont soumises au bon vouloir de la police.

Studio Lam BAR

22 Plan p. 120, F4

Nouveau bar de la maison de disque super branchée ZudRangMa, le Studio Lam bénéficie d'une sono de style jamaïcain conçue sur mesure pour des DJ internationaux ou rétro-thaïlandais et des spectacles live. C'est aussi le seul bar de Bangkok où goûter le *yah dorng*, un alcool traditionnel à base de plantes médicinales. (www.facebook.com/studiolambangkok ; Soi 51, Th Sukhumvit ; 18h-1h mar-dim ; S Thong Lo sortie 3)

Walden BAR

23 Plan p. 120, D2

Passé l'ambiance hyperminimaliste, les subtiles touches japonaises de ce nouveau bar en font l'un des lieux les plus accueillants de la ville. Allez-y pour sa courte carte de boissons qui va des "whiskies à l'eau" japonais aux bières artisanales américaines et pour ses simples et délicieux en-cas. (7/1 Soi 31, Th Sukhumvit ; 18h30-1h lun-sam ; S Phrom Phong sortie 5)

Cheap Charlie's BAR

24 Plan p. 120, B1

Installé dans une petite cabane extérieure en bois, décorée de crânes de bison et de vieilles roues de wagon, Charlie's attire une clientèle majoritairement étrangère et amatrice de *Singha* (bière locale blonde). (Soi 11, Th Sukhumvit ; 16h30-23h45 lun-sam ; S Nana sortie 3)

Arena 10 CLUB

25 Plan p. 120, G3

Ce lieu de divertissement en plein air est la destination préférée de la jeunesse dorée de Bangkok, du moins pour le moment. Avec sa musique tonitruante et son allure d'entrepôt new-yorkais, le **Demo** (www.facebook.com/demobangkok ; entrée libre ; 21h-2h) attire une clientèle très jeune, tandis que l'ambiance est moins débridée au **Funky Villa** (www.facebook.com/funkyvillabkk ; 19h-2h), doté d'une terrasse, et où résonnent les tubes du Top 50. (Soi Thong Lor 10/Soi Ekamai 5 ; S Ekkamai sortie 2 puis taxi)

Glow CLUB

26 Plan p. 120, C2

Cette "discothèque de luxe" autoproclamée fait office de bar-lounge en début de soirée avec un choix impressionnant de vodkas. Au fil de

INGOLF POMPE / LOOK-FOTO / GETTY IMAGES ©

Q Bar (ci-dessous)

la soirée, la musique fait la part belle au hip-hop le vendredi et à l'electro le samedi. (www.glowbkk.com ; 96/415 Soi Prasanmit ; entrée à partir de 350 B ; 22h-1h lun-mar, 22h-2h mer-sam ; M Sukhumvit sortie 2, S Asok sortie 3)

Narz

DISCOTHÈQUE

27 Plan p. 120, C2

Comme une petite discothèque de quartier, le Narz s'organise autour de trois vastes espaces avec un vaste choix de musiques. La programmation est essentiellement thaïlandaise, mais certains DJ invités peuvent attirer les foules. (www.narzclubbangkok.net ; 112 Soi 23 ; entrée à partir de 400 B ; 21h-2h ; M Sukhumvit sortie 2, S Asok sortie 3)

Q Bar

DISCOTHÈQUE

28 Plan p. 120, B1

Installé de longue date, le Q Bar a su rester en bonne place dans le monde de la nuit local grâce à des rénovations récentes et au prestige des DJ invités. (www.qbarbangkok.com ; 34 Soi 11, Th Sukhumvit ; entrée à partir de 300 B ; 21h-2h ; S Nana sortie 3)

À savoir

Non-fumeurs

Il est interdit de fumer dans les bars, dans les restaurants ainsi que dans les discothèques de Bangkok depuis 2008 (y compris dans certains établissements installés en plein air).

100% bangkokien

Nuit, mode d'emploi

Les rues qui partent de Th Sukhumvit abritent quelques-uns des clubs les plus prisés de Bangkok. Les étudiants ont une préférence pour le Soi 63/Ekamai ; la jet-set locale fréquente plutôt le Soi 55/Thong Lor ; quant aux expatriés et aux touristes, ils se retrouvent le long de Soi 11.

Sortir

Titanium

CONCERTS

29 ★ Plan p. 120, C3

La plupart des clients fréquentent ce "bar de glace" pour la fraîcheur, les serveuses court vêtues et les vodkas aromatisées. Quant à nous, c'est pour Unicorn, le groupe de rock maison exclusivement féminin, qui se produit tous les soirs entre 21h30 et 0h30. (www.titaniumbangkok.com ; 2/30 Soi 22, Th Sukhumvit ; 20h-1h ; S Phrom Phong sortie 6)

Living Room

CONCERTS

30 ★ Plan p. 120, B2

Ne vous fiez pas aux apparences : dès 21h30, ce bar d'hôtel plutôt morne est en fait une des meilleures adresses de la ville pour écouter des pointures du jazz, confortablement installé dans un canapé. Renseignez-vous pour connaître la programmation. (0 2649 8888 ; www.thelivingroomatbangkok.com ; 1er ét., Sheraton Grande Sukhumvit, 250 Th Sukhumvit ; 18h15-minuit ; M Sukhumvit sortie 3, S Asok sortie 2)

Apoteka

MUSIQUE LIVE

31 ★ Plan p. 120, B1

Une allure de boutique d'objets anciens, de sérieuses boissons et des musiciens de blues tous les soirs à partir de 21h30 font le charme de l'Apoteka. (www.apotekabangkok.com ; Soi 11, Th Sukhumvit ; 17h-1h lun-jeu, 17h-2h ven-sam, 15h-1h dim ; S Nana sortie 3)

Fat Gut'z

CONCERTS

32 ★ Plan p. 120, G3

Ce bar minuscule propose un cocktail étonnant (mais réussi) de musique et de *fish and chips*. Concerts de blues tous les soirs de 21h à minuit. (www.facebook.com/fatgutzsaloon ; 264 Soi Thong Lor 12 ; 17h-2h ; S Thong Lo sortie 3 puis taxi)

Soi Cowboy

QUARTIER CHAUD

33 ★ Plan p. 120, C2

Dans cette rue à sens unique nombreux sont les bars à hôtesses et autres "salons de massage". (Soi Cowboy ; 16h-2h ; M Sukhumvit sortie 2, S Asok sortie 3)

Nana Entertainment Plaza

QUARTIER CHAUD

34 ★ Plan p. 120, A1

Nana est un immense complexe de bars à hôtesses sur 3 niveaux où les habitués sont séparés des touristes. Il y a aussi quelques bars *gà·teu·i* (ou *kàthoey* ;

transsexuels). (Soi 4/Nana Tai, Th Sukhumvit ; 16h-2h ; S Nana sortie 2)

Shopping

Shop @ TCDC ARTISANAT

35 Plan p. 120, D3

Attachée au musée/bibliothèque de design du même nom, cette boutique offre un beau choix de souvenirs : savons et bougies parfumés, tabliers de cuisine ressemblant à des shorts de boxe thaïe, cartes postales uniques et articles de maison insolites – fruits de l'imagination de designers thaïlandais. (www.tcdc.or.th/shop ; 6e ét., Emporium, angle Soi 24 et Th Sukhumvit ; 10h30-21h mar-dim ; S Phrom Phong sortie 2)

ZudRangMa Records MUSIQUE

Installé dans le Studio Lam (voir 22 Plan p. 120, F4), le siège de ce label musical rétro/international offre l'occasion de passer d'un disque à l'autre en sirotant en verre. On peut y dénicher de vieux vinyles de reprises thaïlandaises ou encore des compilations très prisées de *mŏr lam* et *lôok tûng* (musique country thaïlandaise). (www.zudrangmarecords.com ; 7/1 Soi 51, Th Sukhumvit ; 14h-21h mar-dim ; S Thong Lo sortie 1)

Soi Cowboy

100% bangkokien

Foire à l'artisanat

La **ThaiCraft Fair** (plan p. 120, C2 ; www.thaicraft.org ; 3e ét., Jasmine City Bldg, angle Soi 23 et Th Sukhumvit ; 10h-15h ; M Sukhumvit sortie 2, S Asok sortie 3) est une occasion unique de découvrir l'artisanat de plus de 60 communautés des quatre coins de la Thaïlande. Cette foire a lieu 2 samedis par mois ; consultez le site Internet pour savoir quand aura lieu la prochaine.

Nandakwang ARTISANAT

36 Plan p. 120, C2

Annexe d'un magasin de Chiang Mai, Nandakwang propose une sélection d'objets thaïlandais de qualité, notamment des coussins, des poupées et des sacs brodés à la

100% bangkokien

Se faire tailler un costume

La section de Th Sukhumvit située entre les stations de BTS Nana et Asok abrite certains des plus fameux tailleurs de Bangkok.

Raja's Fashions (plan p. 120, B2 ; 0 2253 8379 ; www.rajasfashions.com ; 160/1 Th Sukhumvit ; 6h30-22h30 lun-sam ; S Nana sortie 4). Tailleur de longue date doué d'une excellente mémoire des noms, Bobby vous donnera le sentiment d'être aussi important que la longue liste de personnes illustres qu'il a habillées.

Rajawongse (plan p. 120, A1 ; www.dress-for-success.com ; 130 Th Sukhumvit ; 10h30-20h lun-sam ; S Nana sortie 2). Les créations de Jesse et Victor sont très appréciées des visiteurs et expatriés américains.

Ricky's Fashion House (plan p. 120, A1 ; 0 2254 6887 ; www.rickysfashionhouse.com ; 73/5 Th Sukhumvit ; 11h-22h lun-sam et 13h-17h30 dim ; S Nana sortie 1). Ricky s'est fait une réputation grâce à ses pantalons et ses chemises sur mesure et décontractés.

main. (www.nandakwang.com ; 108/2-3 Soi 23, Th Sukhumvit ; 9h-18h30 lun-sam ; M Sukhumvit sortie 2, S Asok sortie 3)

Marché de Thanon Sukhumvit

SOUVENIRS

37 Plan p. 120, B2

Idéal pour trouver des souvenirs à la dernière minute, ce marché vend toutes sortes de produits (sacs à main, maillots de football, objets confectionnés en feutre, lunettes de soleil, bijoux, accessoires...), mais aussi des armes traditionnelles chinoises ou des briquets phalliques et autres articles d'un goût douteux. (entre Soi 3 et Soi 15, Th Sukhumvit ; 11h-23h mar-dim ; S Nana sorties 1 et 3)

Terminal 21

CENTRE COMMERCIAL

38 Plan p. 120, C2

Répondant apparemment à la passion des Thaïlandais pour les choses délirantes devant lesquelles se faire photographier, ce nouveau centre commercial mérite la visite autant pour le spectacle que pour les emplettes. Commencez par l'"aéroport" du sous-sol et poursuivez à l'étage dans les espaces baptisés "Paris", "Tokyo" et autres grandes villes. C'est une bonne adresse pour dénicher des vêtements bon marché (assurez-vous qu'un article vous convient avant de le payer car les magasins n'acceptent pas les retours). "San Francisco" abrite un immense *food court* bon marché. (www.terminal21.co.th ; angle Th Sukhumvit et Soi 21/Asoke ; 10h-22h ; M Sukhumvit sortie 3, S Asok sortie 3)

Almeta

ARTISANAT

39 Plan p. 120, C2

Si les couleurs des soieries thaïlandaises vous semblent démodées, vous apprécierez les nuances naturelles (sucre de canne ou fleur de lotus par exemple) proposées chez Almeta. (www.almeta.com ; 20/3 Soi 23, Th Sukhumvit ; 10h-18h ; M Sukhumvit sortie 2, S Asoke sortie 3)

Sop Moei Arts

ARTISANAT

40 Plan p. 120, F2

Le showroom local de cette organisation à but non lucratif abrite les éclatantes créations textiles et les paniers des tisseurs Karen, de Mae Hong Son dans le nord de la Thaïlande. Dans l'enceinte du Racquet Club Soi 49/9. (www.sopmoeiarts.com ; Soi 49/9, Th Sukhumvit ; 9h30-17h mar-sam ; S Phrom Phong sortie 3 puis taxi)

Bon plan

Shopping, mode d'emploi

Il n'est pas toujours évident de se repérer dans le dédale de rues de Bangkok, et trouver des boutiques et des marchés un peu excentrés peut être difficile. Pour y remédier, la **carte de Bangkok de Nancy Chandler** (www.nancychandler.net) est un guide très précieux, qui recense des petites boutiques et marchés en dehors des sentiers battus, et offre un plan détaillé du marché du week-end de Chatuchak (p. 136). Cette carte colorée est en vente dans toutes les librairies de la ville.

Les incontournables
Marché du week-end de Chatuchak

Comment y aller

Chatuchak est situé à 6 km au nord de Siam Sq

S **BTS** Mo Chit sorties 1 et 3

M **MRT** Chatuchak Park sortie 1, et Kamphaeng Phet sorties 1 et 2

Chatuchak (également épelé "Jatujak" ou surnommé "JJ") est un immense marché aux bonnes affaires, véritable ville dans la ville qui attire les foules malgré la chaleur étouffante. On y trouve de tout, des serpents vivants aux CD de *mŏr lam* (musique traditionnelle thaïlandaise), mais quand on prend le temps d'y flâner, on comprend vite qu'il s'agit moins d'acheter que de vivre une expérience unique.

À ne pas manquer

Accessoires

Les stands qui vendent de la soie thaïlandaise, du coton rustique du nord du pays et des sacs des tribus montagnardes se concentrent dans les sections 24 et 26. C'est là que sont également les marchands de gros bijoux en argent et de pierres semi-précieuses brutes, comme **Orange Karen Silver** (section 26, étal 229 ; 9h-18h sam-dim).

Antiquités

Dans la section 1 on trouve des statues du Bouddha couvertes de poussière, de vieux 33-tours, des livres d'occasion et d'autres objets anciens. Plusieurs boutiques de la section 10, dont **Tuptim Shop** (section 10, étal 261, Soi 19 ; 9h-18h sam-dim), vendent des laques birmans (anciens ou non).

Art

La section 7 est une sorte de galerie d'art contemporain à ciel ouvert. On y voit des œuvres en tous genres et les stands changent souvent de main, mais nous avons eu le temps d'apprécier les peintures murales sur le thème de Bangkok de **Pariwat A-nantachina** (section 7, étal 117 ; 9h-18h sam-dim).

Vêtements

Les vêtements occupent la majorité des stands de Chatuchak, à partir de la section 8 en continuant au sud jusqu'à la section 24. Les sections 5 et 6 vendent des vêtements d'occasion pour tous les styles, des punks aux cow-boys ; les sections 12 et 14 privilégient les modes hip-hop et skate ; la section 4 regorge de T-shirts originaux ; et les sections 2 et 3 regroupent des marques indépendantes branchées.

www.chatuchak.org

Th Phahonyothin

10h-18h sam-dim

☑ À savoir

- Arrivez au marché de Chatuchak le plus tôt possible (il ouvre vers 10h), quand l'affluence est moindre et la température encore pas trop forte.
- Vous trouverez un centre d'information, des banques avec DAB et des bureaux de change juste au nord de la section 1.

Une petite faim ?

Vous aurez l'embarras du choix sur le marché ; parmi nos adresses préférées, citons **Foontalop** (section 26, étal 319, pas d'indication en caractères latins ; plats 40-100 B ; 10h-18h sam-dim), un restaurant proposant une cuisine du nord-est de la Thaïlande, et **Café Ice** (section 7, étal 267 ; plats 220-380 B ; 10h-18h sam-dim), qui sert un bon *pàt tai* (nouilles sautées).

Se restaurer

De nombreux étals de nourriture sont installés juste au nord de la section 19. Les “vrais” restaurants (avec places assises) se trouvent à la périphérie de presque toutes les sections.

Artisanat et souvenirs

Deux ou trois stands de souvenirs, comme **Golden Shop** (section 17, étal 36 ; ⌚9h-18h sam-dim), tiennent boutique en lisière ouest du marché, entre les sections 17 et 19. Dans un genre plus inédit, vous trouverez des instruments de musique à **Kitcharoen Dountri** (section 8, étal 464 ; ⌚9h-18h sam-dim) ou des reproductions miniatures de fruits thaïlandais à **Papachu** (section 17, étal 23 ; ⌚9h-18h sam-dim).

Articles ménagers et de décoration

La partie ouest du marché, en particulier les sections 8 à 26, est spécialisée dans les articles ménagers en tous genres, des bassines en plastique bon marché aux luxueux woks en cuivre. L'endroit idéal, notamment à **Preecha Ceramic** (section 19, étal 196 ; ⌚10h-18h), pour acheter de la céramique thaïlandaise à prix doux, des céladons aux bols à coq traditionnels du nord de la Thaïlande.

Animaux domestiques

Les vitrines “attendrissantes” des sections 13 et 15 abritent d'adorables petits chiots et chatons. Le Soi 9 de la section 15 présente plusieurs boutiques spécialisées dans les vêtements pour animaux domestiques.

Plantes et jardinage

Le périmètre intérieur des sections 2 à 4 propose un large choix de plantes en pot, fleurs, herbes et fruits, ainsi que les accessoires nécessaires à

Comprendre

L'art de marchander

La plupart de vos achats au marché du week-end de Chatuchak impliqueront de marchander. Les Thaïlandais voient d'un bon œil cette pratique et respectent celui capable d'obtenir un prix raisonnable sans que personne n'ait perdu la face.

La première règle est de se faire une idée du prix en vous renseignant préalablement auprès de plusieurs vendeurs. Si vous avez l'intention d'acheter, faire une offre à 50% du prix demandé est une bonne stratégie. Si vous achetez un article en plusieurs exemplaires, c'est un levier de négociation supplémentaire. Si le vendeur accepte immédiatement votre premier prix, c'est qu'il est sans doute un peu élevé, mais il serait mal vu de continuer à marchander à ce stade. Garder une attitude amicale et souple tout au long de la transaction jouera presque toujours en votre faveur.

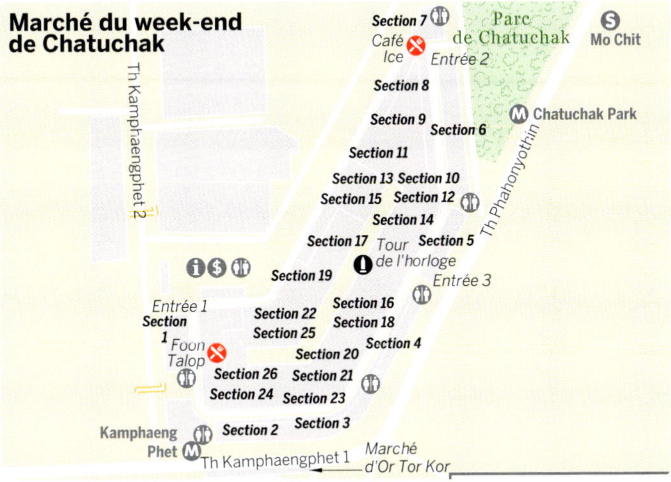

leur entretien. Quelques-unes de ces boutiques ouvrent également les après-midi en semaine.

Prendre un verre

Au **Viva 8** (www.facebook.com/Viva8JJ ; section 8, étal 371 ; plats 150-300 B ; 9h-22h sam-dim), un bar avec DJ, le chef mitonne d'énormes plats de paella. Sinon, le soir venu, allez prendre une bière au **Viva's** (section 26, étal 161 ; 10h-22h sam-dim), un café-bar qui propose des concerts et ferme tard.

À proximité : marché d'Or Tor Kor

Or Tor Kor (องค์กรตลาดเพื่อเกษตรกร ; Th Kamphaengphet ; 8h-18h ; M Kamphaeng Phet sortie 3) est le meilleur marché de producteurs de Bangkok. Les étals sont un régal pour les yeux, avec leurs mangues géantes et leurs dizaines de pots remplis de curry. Allez-y à l'heure du déjeuner pour profiter de son *food court* en plein air, qui sert des plats des quatre coins de la Thaïlande. Le marché est situé juste en face de Th Kamphaengphet depuis le marché du week-end de Chatuchak.

À proximité : parc Chatuchak

Le **parc de Chatuchak** (Th Phahonyothin ; entrée libre ; 4h30-21h ; M Chatuchak Park sortie 1, Kamphaeng Phet sorties 1 et 2, S Mo Chit sorties 1 et 3), qui jouxte le marché – et regroupe trois parcs distincts – offre un espace vert impeccable agrémenté de musées et d'un lac artificiel. On peut y louer des vélos.

Les incontournables
Ayutthaya

Comment y aller

Ayutthaya se trouve à 70 km au nord de Bangkok.

Minibus Au départ d'un stand situé à l'est du Victory Monument (60 B, 1 heure, toutes les heures de 5h30 à 21h).

Ruines grandioses, ambiance rurale, savoureuse cuisine, hébergements bons et pas chers, le tout à une heure de Bangkok : Ayutthaya est l'excursion la plus intéressante à faire depuis la capitale.

Fondée en 1350, Ayutthaya devint la capitale du Siam. Grand port de commerce, elle impressionna des marchands du monde entier par ses temples et ses palais. Sa gloire dura jusqu'en 1767, quand la ville fut envahie par une armée birmane qui pilla ses trésors. En 1991, les ruines d'Ayutthaya ont été inscrites au patrimoine mondial de l'Unesco.

Les incontournables

Centre d'information des visiteurs d'Ayutthaya

Commencez par vous arrêter à l'**Ayutthaya Tourist Center** (☎0 3524 6076 ; www.tourismthailand.org/ayutthaya ; entrée libre ; ⌚8h30-16h30) où une excellente exposition (à l'étage) met en perspective les grandes heures de la ville. Au même niveau se trouve le petit, mais intéressant, musée d'Art national d'Ayutthaya. Au rez-de chaussée, le bureau du TAT vous fournira cartes et bons conseils.

Parc historique d'Ayuthaya

Le **parc historique d'Ayutthaya**, qui englobe les vestiges de la ville, est l'un des plus grands sites touristiques de Thaïlande. Il comprend deux zones distinctes : les ruines "sur l'île", dans la partie centrale de la ville, se visitent le plus facilement à vélo ou en moto ; celles qui sont "en dehors de l'île", de l'autre côté de la rivière, se visitent plus agréablement en bateau le soir.

อุทยานประวัติศาสตร์อยุธยา

sites individuels 50 B, pass pour la journée 220 B

⌚8h-17h

Musée national de Chao Sam Phraya

Le plus grand **musée** (พิพิธภัณฑสถานแห่งชาติเจ้าสามพระยา ; angle Th Rotchana et Th Si Sanphet ; adulte/enfant 150 B/gratuit ; ⌚9h-16h mer-dim ; P) de la ville expose 2 400 objets, d'une tête du Bouddha en bronze de 2 m de haut jusqu'à d'étincelants trésors retrouvés dans les cryptes des Wat Phra Mahathat et Wat Ratburana.

Centre d'études historiques d'Ayuthaya

Bien conçu, ce **musée** (ศูนย์ศึกษาประวัติศาสตร์อยุธยา ; Th Rotchana ; adulte/enfant 100/50 B ; ⌚9h-16h30 ; P) présente un diorama des anciennes gloires de la ville, des répliques de vaisseaux et une exposition sur la vie traditionnelle des villageois.

☑ À savoir

▸ Même si des bus et des trains relient Bangkok et Ayuthaya, le plus rapide et le plus pratique pour rejoindre cette ville reste le minibus.

Une petite faim ?

Essayez la grande spécialité d'Ayutthaya, les *gŏo·ay đĕe·o reu·a* (nouilles de bateau, ainsi appelées parce qu'elles étaient autrefois vendues depuis les bateaux) à **Lung Lek** (Th Chee Kun ; plats 30-40 B ; ⌚8h30-16h), bien situé, juste en face du Wat Ratburana dans le parc historique.

Les incontournables
Ko Kret

Comment y aller

Ko Kret se situe à 15 km au nord du centre de Bangkok.

Bus Prendre le bus 166 depuis le Victory Monument jusqu'à Pak Kret puis le bac (2 B, 5h-21h) depuis l'embarcadère du Wat Sanam Neua.

Détendez-vous lors d'une escapade d'une demi-journée. Havre de verdure le plus facilement accessible depuis Bangkok, Ko Kret est une île artificielle, résultat du dragage d'un canal il y a près de 300 ans afin de raccourcir un méandre du fleuve Chao Phraya. L'île abrite une des plus anciennes colonies môn du pays, une culture qui prédomina dans le centre de la Thaïlande du VIe au Xe siècle. Aujourd'hui, elle est réputée pour son ambiance bucolique, sa poterie et son marché animé le week-end.

Potier à l'œuvre, Ko Kret

À ne pas manquer

Wat Poramai Yikawat

Le **Wat Poramai Yikawat** (Ko Kret ; entrée libre ; ⌚9h-17h), en face du quai principal de Ko Kret, possède un bouddha en marbre de style môn et un **musée** (Wat Poramai Yikawat, Ko Kret ; entrée libre ; ⌚13h-16h lun-ven, 9h-17h sam-dim) exposant des objets religieux et de la poterie locale. Mais la principale curiosité du temple est le stupa penché vieux de 200 ans qui surplombe l'extrémité nord-est de l'île.

Poterie

Ko Kret est connue pour ses pots en terre cuite faits à la main et vendus sur tous les marchés de Bangkok ; en commandant un café glacé à un vendeur de l'île, on vous en offrira un petit en souvenir. Depuis le Wat Poramai Yikawat, vous trouverez des fours abandonnés mais aussi des centres de poterie en fonctionnement sur les côtes est et nord.

Le tour de l'île

Un chemin pavé de 6 km permet de faire facilement le tour de Ko Kret, à pied ou à vélo. Des bicyclettes sont proposées à la location sur le quai (40 B/jour). Il est également possible de monter à bord d'un bateau pouvant accueillir jusqu'à 10 personnes moyennant 500 B ; la croisière fait halte à un atelier de batik, une confiserie et, le week-end, un marché flottant.

entrée libre

☑ À savoir

- Ko Kret est souvent prise d'assaut le week-end ; mieux vaut programmer votre visite en semaine. Certains restaurants et magasins seront fermés, mais vous aurez l'île presque pour vous tout seul.

Une petite faim ?

Sur la côte nord de Ko Kret il existe des restaurants en plein air qui servent pour la plupart du *khâw châa*, une spécialité môn étonnante mais délicieuse, à base d'amuse-gueules servis avec du riz parfumé froid. **Pa Ka Lung** (Restaurant Rever Side ; plats 30-60 B ; ⌚8h-16h lun-ven, 8h-18h sam-dim), un *food court* en plein air, sert du *khâw châa* et d'autres spécialités thaïlandaises. Menu en anglais.

Bangkok
selon ses envies

Les plus belles balades

Envie de...

Ayuthaya (p. 140)

Les plus belles balades

Aux origines de Bangkok

Itinéraire

La plupart des sites incontournables de Bangkok se trouvent à Ko Ratanakosin, l'ancien quartier royal. Cette balade permet de les voir tous, ainsi que les moins connus. Mieux vaut partir tôt le matin pour éviter la chaleur et l'affluence. Portez des vêtements permettant de visiter les temples, et ignorez, poliment mais fermement, les inconnus qui vous abordent pour vous offrir leurs conseils sur les visites ou le shopping (p. 179).

Départ Tha Chang

Arrivée Wat Arun

Distance et durée 4 km ; 3 à 4 heures

Une petite faim ?

Pour rester dans l'ambiance, déjeunez au Ming Lee (p. 37), un restaurant thaïlandais établi de longue date à peu près en face de l'entrée principale du Wat Phra Kaew et du Grand Palais.

ANDREW WATSON / LONELY PLANET IMAGES ©

Wat Arun (p. 32)

1 Université Silpakorn

Partez de Tha Chang et remontez Th Na Phra Lan vers l'est pour voir cette institution, la première **école des beaux-arts** du pays.

2 Wat Phra Kaew et Grand Palais

Allez vers l'est jusqu'à l'entrée principale du **Wat Phra Kaew** et du **Grand Palais** (p. 24), deux des sites les plus célèbres de Bangkok.

3 Trok Tha Wang

Retournez à Th Maha Rat et allez vers le nord en passant devant les échoppes d'herboristes et les vendeurs d'amulettes. Dépassez le kiosque à journaux envahi de chats (indentifiable à l'odeur), tournez à gauche dans **Trok Tha Wang**, une ruelle étroite qui cache un quartier historique de Bangkok.

4 Wat Mahathat

En retournant dans Th Maha Rat, continuez vers le nord. Sur votre droite le **Wat Mahathat** est l'un des centres d'apprentissage bouddhistes les plus réputés du pays.

❺ Marché aux amulettes

De l'autre côté de la rue, tournez à gauche dans le très fréquenté Trok Mahathat pour voir le petit **marché aux amulettes** (p. 39). En continuant vers le nord le long du fleuve, les vendeurs d'amulettes cèdent la place aux étals de nourriture.

❻ Université de Thammasat

Les uniformes noir et blanc se multiplieront lorsque vous approchez de **l'université de Thammasat**, célèbre pour ses facultés de droit et de sciences politiques.

❼ Sanam Luang

Au bout de Th Phra Chan, traversez Th Maha Rat et marchez vers l'est jusqu'à Sanam Luang, le “champ royal”.

❽ Lak Meuang

Traversez le jardin et allez vers le sud le long de Th Ratchadamnoen Nai jusqu'à la divinité protectrice de Bangkok, **Lak Meuang**.

❾ Wat Pho

Dirigez-vous ensuite vers le sud en longeant Th Sanam Chai, puis tournez à droite dans Th Thai Wang, qui mène à l'entrée du **Wat Pho** (p. 28) et son bouddha géant couché.

❿ Wat Arun

Pour terminer la balade, rendez-vous à Tha Tien afin de prendre le ferry pour le **Wat Arun** (p. 32), l'un des rares temples bouddhiques qu'il est possible d'escalader.

Les plus belles balades

L'architecture des bords du fleuve

Itinéraire

Bangkok n'est pas vraiment réputée pour son architecture, mais sur la route qui longe le Mae Nam Chao Phraya, Th Charoen Krung, s'élèvent bon nombre des édifices intéressants de la ville. Ce quartier est également l'ancienne plus grande enclave étrangère de la ville, où vivent encore de nombreux musulmans.

Départ S Saphan Taksin

Arrivée Viva & Aviv ; Tha Si Phraya/River City

Distance et durée 3 km ; 2 à 3 heures

Une petite faim ?

Pour déjeuner ou grignoter un en-cas, rendez-vous au Muslim Restaurant (p. 107), au croisement de Th Silom et de Th Charoen Krung, un établissement qui existe depuis au moins 70 ans et qui sert une savoureuse cuisine halal.

Poste principale

1 Shophouses

En partant de la station de BTS à Saphan Taksin, allez vers le nord sur Th Charoen Krung, en passant devant les anciennes *shophouses* entre Th Charoen Wiang et Th Silom.

2 State Tower

À l'intersection avec Th Silom s'élève la State Tower, néoclassique. Le **Sky Bar** (p. 110), au 3e étage est idéal pour un verre l'après-midi.

3 Mandarin Oriental

Allez à gauche sur Soi 40 pour voir le Mandarin Oriental, l'hôtel le plus haut et le plus ancien de Bangkok. L'aile des écrivains est la partie qui reste de l'édifice d'origine (1887).

4 East Asiatic Company

Face au Mandarin Oriental, admirez la façade vénitienne (1901) de l'East Asiatic Company, compagnie aérienne danoise.

5 Cathédrale de l'Assomption

Passez sous la passerelle reliant deux bâtiments à la cathédrale de l'Assomption en brique rouge de 1909.

6 O.P. Place

Retournez dans le Soi 40 et prenez la première à gauche. Sur votre droite, l'O.P. Place, centre commercial dédié aux antiquités, occupe un bâtiment construit en 1908 pour abriter Falck & Beidek, un grand magasin allemand.

7 Ancien poste de douane

Passez les portes de l'ambassade de France et tournez à gauche, vers le fleuve et l'ancien poste de douane (1890).

8 Village Haroon

Revenez sur vos pas et tournez à gauche sous la pancarte verte indiquant "mosquée Haroon". Vous êtes dans le village Haroon, une enclave musulmane.

9 Poste centrale

Après avoir traversé Haroon, vous voici sur le Soi 34, qui vous ramènera à Th Charoen Krung. Prenez à gauche et traversez la rue en face du bâtiment Art déco de la poste centrale.

10 Musée bangkokien

Prenez le Soi 43 vers l'est jusqu'au **Bangkokian Museum** (p. 102), un ensemble de trois maisons anciennes en bois.

11 Viva & Aviv

Traversez Th Charoen Krung, prenez le Soi 30, et continuez le long de Captain Bush Lane jusqu'à River City. Le **Viva & Aviv** (p. 110), est parfait pour couronner la balade.

Les plus belles balades

Chinatown secret

Itinéraire

Dans ces quartiers méconnus de Chinatown en bordure du fleuve, un dédale de minuscules ruelles recèle nombre de demeures cachées et de sanctuaires qui semblent abandonnés.

Départ Notre-Dame-du-Rosaire ; Tha Si Phraya/ River City

Arrivée Tha Ratchawong ; Tha Ratchawong

Distance et durée 3 km ; 2-3 heures

Une petite faim ?

Si vous faites cette balade dans l'après-midi, arrêtez-vous prendre un verre au Samsara (p. 72) situé dans l'étroit Soi Khang Wat Pathum Khongkha. Si vous êtes plein d'énergie, cet itinéraire peut se faire en prolongement de la balade architecturale au bord du fleuve (p. 148).

Notre-Dame-du-Rosaire

1 Notre-Dame-du-Rosaire

Partez de Notre-Dame-du-Rosaire, érigée à l'origine sur un terrain attribué aux catholiques portugais en 1787. Son nom thaï, Wat Kalawan, vient du portugais “Calvario”. L'édifice actuel date de 1898.

2 Siam Commercial Bank

En suivant Th Wanit 2 vers le nord, vous verrez ensuite la Siam Commercial Bank, la première banque du pays, qui date de 1910.

3 San Chao Rong Kueak

Dépassez le Marine Department et tournez à gauche dans Trok San Chao Rong Kueak ; au bout de la ruelle se trouve le sanctuaire chinois éponyme, d'où s'étend une belle vue sur le fleuve.

4 Demeure de Jao Sua Son

Continuez le chemin qui longe le fleuve et, au premier croisement, tournez à gauche vers le nord. Sur la droite vous verrez le mur d'enceinte de la demeure de Jao Sua Son, qui appartenait à un “grand marchand” chinois.

❺ San Jao Sien Khong

Continuez vers le nord en passant devant un banian. Au croisement suivant, tournez à gauche et suivez le chemin qui va vers le fleuve. Il vous mènera au San Jao Sien Khong, un sanctuaire chinois tranquille sauf lors du festival végétarien annuel (p. 73).

❻ Talat Noi

En ressortant du sanctuaire côté nord, prenez à droite Soi Chow Su Kong, puis à gauche Soi Wanit 2 ; vous voilà au cœur de **Talat Noi** (p. 68) avec ses *shophouses* et ses garages.

❼ Tha Wat Thong Thammachat

Prenez à droite Th Phanurangsi, puis à gauche Th Songwat. Après quelques pas vers le nord, tournez à gauche dans Th Song Soem qui débouche sur un embarcadère que rien ne signale. Prenez le bac (5 B, 5h-21h) pour Tha Wat Thong Thammachat, juste à l’ouest duquel vous verrez un ensemble de *shophouses* de style chinois en partie enclos.

❽ Th Songwat

Retraversez le fleuve et longez vers l’ouest Th Songwat jalonné d’entrepôts et de *shophouses* délabrés au bord du fleuve.

❾ Tha Ratchawong

Prenez à gauche Th Ratchawong, qui vous mènera vers l’embarcadère du même nom qui marque la fin de la balade.

Envie de... Shopping

Le shopping est une affaire sérieuse à Bangkok, où l'on trouve marchands, colporteurs et étals improvisés à tous les coins de rue. La capitale compte aussi certains des plus grands marchés découverts au monde, ainsi que le deuxième plus vaste centre commercial d'Asie du Sud-Est.

GREG ELMS / GETTY IMAGES ©

Centres commerciaux et marchés

Même si les brochures touristiques vantent les centres commerciaux haut de gamme de Bangkok, la ville est encore en retard par rapport à Singapour ou Hong-Kong dans ce domaine, et c'est sur les marchés en plein air que l'on trouve les meilleures affaires ainsi que les articles les plus originaux.

Marchander

Sur les marchés de Bangkok comme dans certains centres commerciaux, le marchandage est souvent de mise. Mais quand un article porte une étiquette, cela indique généralement que le prix est fixe et qu'il ne peut être discuté.

Contrefaçons

À Bangkok, les contrefaçons de grandes marques sont monnaie courante. Gardez à l'esprit que la confection, la vente et l'achat de ces contrefaçons sont illégales. Nous vous déconseillons d'en acheter.

Pierre précieuses et bijoux

N'achetez pas de pierres non serties en Thaïlande. Nombreux sont les touristes victimes d'une arnaque lors de laquelle un sympathique inconnu vous entraîne dans une boutique et vous incite à acheter des pierres précieuses en gros, en vous promettant que vous pourrez les revendre le double dans votre pays. Les prétendus experts semblent de bonne foi quand ils expliquent qu'ils ont besoin d'un ressortissant du pays pour contourner les régulations douanières. Le véritable commerce de pierres précieuses ne fonctionne pas ainsi et les touristes qui acceptent de jouer le jeu se retrouvent avec des éclats de verre sans valeur.

☑ Bon plan

- La **carte de Bangkok de Nancy Chandler** (www.nancychandler.net) recense toutes sortes de boutiques et de marchés qui ne figurent pas sur les cartes touristiques gratuites.

Asiatique

Marchés

Marché du week-end de Chatuchak Un des plus grands marchés au monde et une curiosité incontournable de Bangkok. (p. 137)

Marché de Thanon Khao San Pantalons imprimés à motifs d'éléphants, T-shirts Singha, jus d'orange frais : c'est ici le paradis des routards. (p. 56)

Pak Khlong Talat Célèbre marché aux fleurs ; allez-y tard dans la nuit sans oublier votre appareil de photo. (p. 67)

Talat Mai Exubérant marché alimentaire au petit goût de Chine. (p. 67)

Souvenirs pittoresques

Shop @ TCDC Amusants souvenirs et articles de maison conçus par des designers. (p. 133)

ZudRangMa Records Vieux vinyles et compilations exotiques, au siège de la maison de disque. (p. 133)

Centres commerciaux

MBK Center Un immense marché asiatique dans un centre commercial. (p. 91)

Siam Center Pour voir la mode thaïlandaise. (p. 91)

Vaut le détour

Marché le plus animé de Bangkok, **Asiatique** (www.thaiasiatique.com ; Soi 72-76, Th Charoen Krung ; 16h-23h ; Tha Sathon/Central Pier) regroupe des centaines de boutiques en bordure de Chao Phraya. Vous y trouverez vêtements, artisanat, souvenirs, restaurants, bars à vin, etc. Il est desservi par des bateaux qui font la navette depuis Tha Sathon/Central Pier.

Envie de... Gastronomie

Qui dit Bangkok, pense souvent cuisine de rue. Or la scène gastronomique de la capitale ne cesse de se diversifier et compte quantité d'établissements raffinés proposant aussi bien de la cuisine française, voire fusion, que thaïlandaise. Et, comme on est à Bangkok, les grandes tables sont moins guindées qu'en Occident.

Restaurants gastronomiques

nahm Sans doute le meilleur restaurant thaïlandais de Bangkok, et peut-être même d'Asie. (p. 105)

Eat Me Cuisine moderne éclectique, voire excentrique, assortie d'un service impeccable. (p. 105)

Little Beast Des repas sous influence de la cuisine américaine moderne. (p. 122)

Sra Bua Une cuisine moderne et créative qui porte à un nouveau niveau les saveurs thaïlandaises, la qualité des ingrédients et la présentation. (p. 86)

Brunch dominical du Four Seasons Une institution à Bangkok et une débauche de gourmandises. (p. 87)

Le Du La jeune cuisine thaïlandaise commence à revisiter les plats locaux en jouant des saveurs occidentales. (p. 108)

MARTIN KREUZER / GETTY IMAGES ©

☑ À savoir

- Il est rarement nécessaire de réserver, sauf dans les restaurants mentionnés ici où il faut retenir sa table une semaine ou deux à l'avance.
- Profitez des menus avantageux proposés au déjeuner, du lundi au vendredi, dans les bons restaurants de la ville (parfois seulement 400 B pour 2 ou 3 plats).

Envie de... Musées

Les musées de Bangkok ne peuvent rivaliser avec les collections européennes, mais ce sont des institutions uniques qui invitent à découvrir, par exemple, la culture siamoise ou la médecine légale.

Musées

Musée du Siam Musée interactif et divertissant offrant un point de vue moderne sur une culture ancienne. (p. 35)

Yaowarat Chinatown Heritage Center Un musée au cœur d'un temple où découvrir la vie des Chinois venus en Thaïlande. (p. 63)

Musée national Vaste musée (et ancien palais) qui abrite tous les principaux trésors nationaux de Thaïlande. (p. 35)

Musée-palais Suan Pakkad Cet ensemble clos de murs et presque invisible depuis l'extérieur renferme des trésors de l'art antique thaïlandais. (p. 95)

Musée médico-légal Songkran Niyomsane et musée des Parasites Le musée le plus bizarre de Bangkok ; âmes sensibles, s'abstenir. (p. 36)

Musée national Chao Sam Phraya Les trésors de l'ancienne Thaïlande abondent dans ce musée d'Ayuthaya. (p. 141)

Centre d'études historique d'Ayuthaya Un musée qui fait revivre la vie quotidienne dans l'ancienne capitale du Siam. (p. 141)

À savoir

- La carte d'étudiant internationale n'est généralement pas reconnue à Bangkok, mais le prix d'entrée dans la plupart des musées est assez modique.
- La majorité des musées de Bangkok sont fermés le lundi.

Envie de… Cuisine étrangère

Aujourd'hui, Bangkok s'est considérablement internationalisée en matière gastronomique. La capitale compte quantité de restaurants offrant des spécialités étrangères, depuis la cuisine coréenne jusqu'à la cuisine égyptienne.

Cuisines asiatiques

La plupart des restaurants non thaïlandais de la ville sont asiatiques, surtout japonais et de plus en plus aussi coréens. On trouve des japonais dans toute la ville, mais en particulier le long de Th Sukhumvit, autour de BTS Phrom Phong, et des coréens sur Soi 12, Th Sukhumvit. Différentes cuisines chinoises sont représentées à Chinatown. Quant aux restaurants indiens, vous en trouverez près du temple hindou sur Th Silom et à Phahurat.

Autres cuisines

Les restaurants moyen-orientaux se concentrent dans le quartier appelé Nana (autour de Soi 3, Th Sukhumvit). Les restaurants européens sont disséminés dans le centre. Ils sont nombreux le long de Th Sukhumvit.

Restaurant

Jidori-Ya Kenzou Brochettes de poulet grillées au feu de bois avec une précision toute japonaise. (p. 122)

Le Beaulieu Fine gastronomie à la française. (p. 84)

Shoshana Un petit goût d'Israël, fort apprécié des voyageurs depuis plus de 30 ans. (p. 50)

Din Tai Fung Une chaîne taïwanaise réputée. Spécialité : les *xiao long bao*, des raviolis farcis. (p. 86)

Chennai Kitchen Les meilleurs spécialités du sud de l'Inde. (p. 107)

SAM & YVONNE / GETTY IMAGES ©

☑ À savoir

- La plupart des restaurants haut de gamme facturent un supplément de 10% pour le service. Certains clients laissent un pourboire en plus ; d'autres pas.
- Dernières ouvertures de restaurants étrangers à la rubrique Restaurants de **BK** (bk.asia-city.com/restaurants) ou de **Bangkok 101** (www.bangkok101.com).

Nasir Al-Masri Restaurant égyptien au cœur du quartier moyen-oriental de Bangkok. (p. 125)

Envie de... Discothèques

Contrairement aux idées reçues, la vie nocturne à Bangkok ne se limite pas aux clubs de strip-tease et autres établissements dédiés au tourisme sexuel. Comme dans toutes les grandes villes internationales, l'offre est extrêmement variée et va du pire au meilleur.

Les discothèques de Bangkok

L'ambiance dans les clubs peut être survoltée certains soirs (le week-end ou pour la venue d'un DJ international) et soporifique à d'autres moments. Actuellement, la fête bat son plein sur le *soi* adjacent à Sukhumvit, à Silom et sur la RCA (Royal City Avenue), les "zones de divertissement" de la ville, qui ont l'autorisation d'ouvrir jusqu'à 2h.

Infos pratiques

Même si les établissements ferment relativement tôt, ils ne font pas le plein avant minuit. Le prix d'entrée peut s'élever jusqu'à 700 B et inclut généralement 1 ou 2 boissons. Tous les clients sans exception doivent présenter une pièce d'identité pour prouver qu'ils ont l'âge légal (20 ans).

Discothèques

Grease Sur plusieurs niveaux, et la meilleure discothèque de Bangkok lors de notre passage. (p. 129)

Arena 10 Le rendez-vous de la jeunesse dorée bangkokienne. (p. 130)

The Club Très fréquenté dans Th Khao San. (p. 53)

Route 66 Énorme club installé depuis longtemps dans la RCA et qui continue d'attirer les foules. (p. 117)

Glow Chic et branché. (p. 130)

Slim Une rénovation récente a renouvelé son image sexy. (p. 117)

LONELY PLANET / GETTY IMAGES ©

À savoir

- Pour savoir là où ça se passe, consultez **BK** (bk.asia-city.com), **Bangkok 101** (www.bangkok101.com), le supplément du vendredi du *Bangkok Post*'s, *Guru* ou **Siam2nite** (www.siam2nite.com).
- **Dude Sweet** (www.dudesweet.org), **Club Soma** (www.facebook.com/clubsomaparty) et **Paradise Bangkok** (www.zudrangmarecords.com) organisent chacun des soirées mensuelles qui ont un succès fou. Voyez le programme sur leur site.

Envie de...
Étals de rue

L'amour de la Thaïlande pour la cuisine est particulièrement évident à Bangkok. Les habitants passent beaucoup de temps à manger, et, si vous êtes d'humeur curieuse et gourmande, vos papilles devraient être comblées.

TRAVEL INK / GETTY IMAGES ©

Étals de rue et marchés

Les marchés en plein air et les étals de rue sont particulièrement prisés des Thaïlandais. Le matin, les étals vendant du café et des beignets chinois fleurissent à tous les coins de rue. Au déjeuner, on peut prendre place sur une chaise en plastique pour manger un sauté tout simple. En périphérie, les marchés de nuit accueillent des stands de nourriture avec tables et chaises en métal.

Restaurants informels

Le déjeuner est l'occasion de manger dans un *ráhn kôw gaang* (boutique de riz et de curry en plein air) typique, qui propose une sélection de plats préparés à l'avance. On reconnaît souvent un simple *ráhn ah·hăhn đahm sàng* (boutique de plats sur commande) aux vitrines garnies des ingrédients de base des cuisines thaïlandaise et chinoise.

Shophouses

Ces maisons-boutiques ouvertes sur la rue comptent parmi les meilleures tables de Bangkok. Les cuisiniers préparent souvent le même plat depuis plusieurs décennies et maîtrisent parfaitement leurs recettes. Les prix sont plus élevés que sur les étals, mais le cadre est généralement plus confortable et hygiénique.

☑ À savoir

- La ville de Bangkok vient de publier un arrêté interdisant aux marchands ambulants d'installer leurs étals le lundi ; ne prévoyez donc pas de manger dans la rue ce jour-là.

Cuisine de rue à Chinatown

Étals de rue

Jay Fai Parmi les meilleures nouilles – et les plus chères – de la ville. (p. 49)

Khun Yah Cuisine Un emplacement pratique où goûter les saveurs de Bangkok et du centre de la Thaïlande. (p. 72)

Thip Samai L'adresse la plus célèbre de Bangkok pour un *pàt tai*. (p. 50)

Nay Hong Des nouilles sautées comme nulle part ailleurs – à condition de trouver l'endroit. (p 72)

Nai Mong Hoi Thod Petit établissement installé de longue date servant de délicieuses huîtres et moules sautées. (p. 64)

Lung Lek *L'endroit* où goûter la spécialité culinaire d'Ayuthaya. (p. 141)

Étals de fruits de mer Th Phadungdao Ces étals sont tellement proches de la chaussée que vous risquez de vous faire renverser par une voiture. (p. 65)

Foontalop Restaurant en plein air du marché du week-end de Chatuchak. (p. 137)

Pa Aew Petit étal tout délabré servant des curries dans le vieux Bangkok. (p. 37)

Jék Pûi Étal de curry connu pour son manque de tables. (p. 65)

Mangkorn Khŏw Étal de Chinatown servant de délicieuses nouilles au blé et aux œufs. (p. 65)

Vaut le détour

Vous êtes végétarien et vous voulez goûter la cuisine de rue thaïlandaise ? Direction **Baan Suan Pai** (Banana Family Park, Th Phahonyothin ; plats 15-30 B ; 7h-15h ; ; S Ari sortie 1), un centre de restauration en plein air offrant un vaste choix de plats thaïlandais sans viande. Pour vous y rendre, prenez le BTS jusqu'à Ari (sortie 1) et tournez à droite dans une étroite ruelle, juste après la station-service.

Envie de...

Bars sur le toit

De nombreux bars et restaurants sont installés en haut des gratte-ciel de Bangkok, des établissements les plus chics aux plus modestes. Tous jouissent d'une vue imprenable sur la ville ou ses alentours.

Moon Bar Ambiance décontractée et vue époustouflante : c'est notre bar sur le toit préféré de Bangkok. (p. 109)

River Vibe Prix doux et vues grandioses. (p. 73)

Roof Superbes visions du Mae Nam Chao Phraya et du Wat Arun. (p. 38)

Sky Bar Entrée hollywoodienne et bar qui semble flotter dans le ciel donnent le ton. (p. 110)

Sky Train Jazz Club Bar sur le toit branché et intime dans un quartier périphérique. (p. 95)

Phra Nakorn Bar & Gallery Belle vue sur le vieux Bangkok et délicieux en-cas. (p. 53)

Amorosa Une des plus belles vues sur le fleuve. (p. 39)

PETER ADAMS / GETTY IMAGES ©

☑ À savoir

- Attention, la plupart des bars sur le toit exigent une tenue correcte (shorts et sandales prohibés).
- Il est interdit de fumer dans les restaurants, les bars et la plupart des terrasses de Bangkok depuis 2008.
- **Bangkok.com** renouvelle en permanence sa liste des meilleurs bars sur le toit de la ville (www.bangkok.com/top10-rooftop-bars.htm)..

Envie de...
Avec des enfants

Bangkok ne compte pas beaucoup d'attractions spécifiquement destinées aux petits, mais les Thaïlandais apprécient beaucoup les enfants et ils sont les bienvenus presque partout.

STEVE ALLEN /GETTY IMAGES ©

Nourrissons

Les couches, les grandes marques de lait maternisé et les produits de puériculture de base sont disponibles presque partout. En règle générale, les femmes thaïlandaises n'allaitent pas en public. Les grands magasins disposent souvent de toilettes avec tables à langer. Pour se déplacer, les porte-bébés sont mieux adaptés que les poussettes, les trottoirs de Bangkok étant très cahoteux.

Partager un repas avec des enfants

Aller au restaurant avec des enfants, et en particulier des bébés, est un vrai plaisir en Thaïlande. Le personnel sera aux petits soins, n'hésitant pas à jouer avec eux ou à les porter. Notez cependant que les chaises hautes sont rares, sauf dans certains établissements haut de gamme.

Bon plan

- **Bambi** (www.bambiweb.org) est un site utile pour les parents et les enfants séjournant à Bangkok.
- **Bangkok.com** (www.bangkok.com/kids) comprend quelques pages proposant un large éventail d'activités pour les enfants.

Attractions pour les enfants

KidZania Cité des enfants où apprendre en s'amusant. (p. 83)

Parc Lumphini Venez-y pour faire du cerf-volant (en saison : de février à avril), du bateau, pour nourrir les poissons, ou prendre le frais tôt le matin. (p. 102)

Queen Saovabha Memorial Institute Ferme aux serpents produisant del'anavenin. (p. 102)

Siam Ocean World Aquarium immense et accueillant pour les enfants. (p. 84)

Musée du Siam De nombreuses animations interactives qui séduiront les plus jeunes. (p. 35)

Bo.lan Ce restaurant thaïlandais haut de gamme propose un menu spécial "jeunes connaisseurs" (p. 123)

Envie de...
Massage et spa

Bangkok est une candidate sérieuse au titre de capitale mondiale du massage. La médecine traditionnelle thaïlandaise considère même les herbes et les massages comme indispensables à une bonne hygiène de vie, et pas seulement comme un moment de détente ainsi que de nombreux visiteurs le pensent.

Massage ou Spa ?

Salons de massage traditionnels ou spas ultra sophistiqués, le choix est vaste à Bangkok. Et parmi cette dernière catégorie, l'offre est également très variée. Les spas continuent en effet de prodiguer toute une gamme de soins classiques et spécifiques, mais commencent aussi à développer des traitements plus médicaux.

Massage thaïlandais

Même si le massage thaïlandais traditionnel (*nôo·at păan boh·rahn*) est censé être avant tout relaxant, il se révèle souvent très vigoureux. Il s'appuie sur des techniques du yoga visant à améliorer la santé et exigeant toutes sortes de manipulations. Les massages du corps complet impliquent généralement des baumes parfumés au camphre ou des compresses d'herbes, ou encore de l'huile dans les établissements bon marché. Un massage des pieds passe pour le meilleur moyen de soulager les jambes fatiguées des touristes.

Prix

Dans les petits salons de quartier, il faut compter entre 200 B et 350 B pour un massage des pieds de 1 heure et entre 300 B et 500 B pour un massage de 1 heure du corps entier. Dans les spas, les soins démarrent autour de 800 B, mais les prix peuvent très vite grimper.

THOMAS STANKIEWICZ / GETTY IMAGES ©

À savoir

- Sachez que le "massage à l'huile" est parfois un nom de code pour désigner un massage "érotique".
- Pour un commentaire sur des spas non mentionnés ici, consultez la page Spa Review de **Bangkok.com** (www.bangkok.com/spa-reviews).

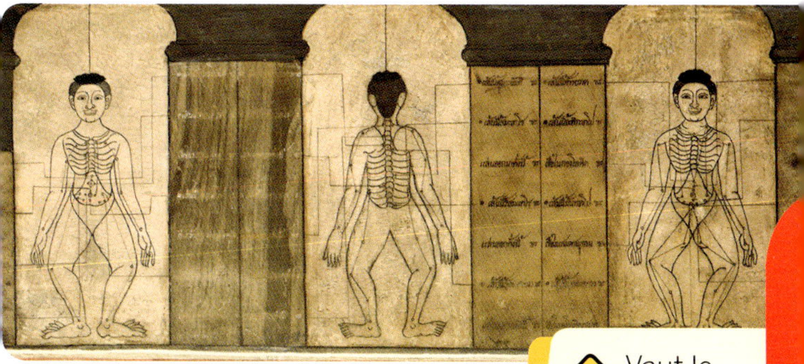

Peintures murales anciennes montrant les points de pression pour les massages, Wat Pho (p. 28)

Massage thaïlandais

Health Land Massage traditionnel thaïlandais d'un excellent rapport qualité/prix dans un cadre propre et moderne. (p. 103)

Asia Herb Association Spécialiste des massages avec compresses d'herbes. (p. 129)

Ruen-Nuad Massage Studio Charmant cadre thaïlandais traditionnel. (p. 102)

École de massage traditionnel de Chetawan Un salon de massage dans un temple. Propose aussi des cours de massage traditionnel thaïlandais. (p. 36)

Spas

Oriental Spa L'un des spas les plus renommés de Bangkok – voire d'Asie – mais dont l'entrée n'est malheureusement pas donnée. (p. 104)

Spa 1930 Spa douillet dans une maison ancienne. (p. 82)

Thann Sanctuary Spa chic qui dépend d'un centre commercial et utilise des produits parfumés à base de plantes de la marque éponyme. (p. 84)

Banyan Tree Spa Toutes sortes de soins utilisant la haute technologie sont dispensés dans cet hôtel-spa. (p. 104)

Vaut le détour

Après avoir terminé les cours généraux de massage thaïlandais de l'**École de massage traditionnel de Chetawan** (p. 36), vous pouvez suivre un des stages plus intensifs comme "Advanced Medical Thai Massage", dont certains se déroulent à Nonthaburi ou à Nakhon Pathom ; pour plus de détails, voir le site de l'école.

Envie de... Activités

Vous avez vu tous les grands sites ? Épuisé le plaisir de manger des *pàt tai* ? Vous rêvez de découvrir d'autres aspects de Bangkok ? Plusieurs organismes proposent des circuits à vélo dans Chinatown et Ko Ratanakosin, mais le mieux reste d'explorer la péninsule de Phra Pradaeng encore rurale, juste sur l'autre rive du Chao Phraya.

JOHN BORTHWICK / GETTY IMAGES ©

Visites guidées

Bangkok Food Tours (☎ 08 9126 3657 ; www.bangkokfoodtours.com ; circuits à partir de 1 050 B). Découvertes culinaires dans le vieux Bangkok.

Tour with Tong (☎ 08 1835 0240 ; www.tourwithtong.com ; circuit de la journée à partir de 1 500 B). Visites privées avec guides dans Bangkok et alentour.

Bangkok Private Tours (www.bangkokprivatetours.com ; promenade à pied demi-journée/journée 4 700/6 000 B). Visite guidée à pied de coins méconnus de la capitale.

Thai Private Tour Guide (☎ 08 2799 1099 ; www.thaitourguide.com ; circuit de la journée à partir de 2 000 B). Ces guides rencontrent de bons échos.

Balades en vélo, Segway et bateau

ABC Amazing Bangkok Cyclists (☎ 0 2665 6364 ; www.realasia.net ; 10/5-7 Soi Aree, Soi 26, Th Sukhumvit ; circuit à partir de 1 300 B ; circuits tlj à 8h, 10h, 13h et 16h ; S Phrom Phong sortie 4). Cet organisme propose des circuits (demi-journée ou journée) pour découvrir Bangkok et ses alentours.

Velo Thailand (☎ 08 9201 7782 ; www.velothailand.com ; 29 Soi 4, Th Samsen ; circuits à partir de 1 100 B ; 10h-21h ; Tha Phra Athit/Banglamphu). Circuit en vélo de jour et de nuit jusqu'à Thonburi et au-delà.

Pandan Tour (☎ 08 7109 8873, 0 2689 1232 ; www.thaicanaltour.com ; circuits à partir de 2 395 B). Promenade en petit bateau sur les canaux de Bangkok.

Co van Kessel Bangkok Tours (☎ 0 2639 7351 ; www.covankessel.com ; rez-de-chaussée, River City, 23 Th Yotha ; circuits à partir de 950 B ; 6h-21h ; Tha Si Phraya/River City). Cet organisme tenu par des Hollandais propose divers circuits dans Chinatown, Thonburi et les zones vertes de Bangkok.

Segway Tour Thailand (☎ 0 2221 4525 ; www.segwaytourthailand.com ; Maharaj Pier Bldg, Tha Maharaj, près de Th Maha Rat ; circuit de la demi-journée 3 500 B ; 8h30-18h30 mar-dim ; Tha Maharaj). Circuit en Segway (demi-journée ou journée) dans Bangkok et au-delà, notamment au milieu des ruines d'Ayuthaya.

Envie de...
Cours de cuisine

La capitale thaïlandaise compte de nombreux restaurants délicieux, mais elle permet aussi de prendre des cours de cuisine thaïlandaise. Ils sont de plus en plus prisés des touristes et constituent parfois le temps fort de leur séjour.

JULIET COOMBE / GETTY IMAGES ©

Demandez le programme !

Un cours d'une demi-journée inclut généralement la visite d'un marché et/ou la présentation des saveurs et des ingrédients thaïlandais, puis l'élaboration de 3 ou 4 plats. Presque tous les cours remettent une version imprimée des recettes et se terminent par un repas collectif pour déguster les plats préparés.

Infos pratiques

La plupart des écoles de cuisine de Bangkok proposent des plats qui changent tous les jours ; consultez leur site Internet et réservez votre cours au moins deux jours à l'avance.

Cours de cuisine

Helping Hands (09 4053 7009 ; www.cookingwithpoo.com ; cours 1 200 B ; cours 8h30-13h). Une école créée par une femme du quartier défavorisé de Khlong Toey, où les cours ont lieu. Ils incluent une visite du marché de Khlong Toey, la préparation de 3 plats, et le transfert depuis/vers Th Sukhumvit.

Baipai Thai Cooking School (0 2561 1404 ; www.baipai.com ; 8/91 Soi 54, Th Ngam Wong Wan ; cours 2 200 B ; leçons 9h30-13h30 et 13h30-17h30). Dans une belle villa, Baipai dispense 2 cours par jour (4 recettes). Transfert possible.

Blue Elephant Thai Cooking School (0 2673 9353 ; www.blueelephant.com/cooking-school ; 233 Th Sathon Tai, South ; cours 2 800 B ; cours 8h45-13h30 et 13h30-17h lun-sam ; S Surasak sortie 2). L'école de cuisine la plus chic de Bangkok. Le cours du matin comprend une visite de marché, celui de l'après-midi une introduction détaillée aux ingrédients du pays.

Silom Thai Cooking School (08 4726 5669 ; www.bangkokthaicooking.com ; 68 Soi 13, Th Silom ; cours 1 000 B ; cours 9h-13h, 13h40-17h30 et 18h-21h ; S Chong Nonsi sortie 3). Cette école propose une visite du marché local et la réalisation de 6 recettes en 4 heures, soit un excellent rapport qualité/prix.

Envie de...
Temples

Un temple thaïlandais (*wát*) est un ensemble de plusieurs bâtiments remplissant une fonction religieuse précise. Même si vous n'êtes pas croyant, les *wát* de Bangkok méritent une visite, ne serait-ce que sur un plan artistique ou pour faire le plein de sérénité au milieu de l'ébullition urbaine.

Architecture thaïlandaise

Considérée comme la plus haute forme de l'art, l'architecture traditionnelle des temples répond à des règles strictes en matière de situation, de proportions, de matériaux et d'ornementation. En dehors du style siamois, l'intérieur des temples de Bangkok renferme aussi des exemples issus des traditions khmère, môn, lao et du nord de la Thaïlande.

Représentations du Bouddha

Chaque *wát* de Bangkok abrite une représentation du Bouddha, la plupart du temps sculptée selon des règles iconographiques strictes, énoncées dans des écrits bouddhiques datant du IIIe siècle. Les quatre positions de base sont : debout, assis, marchant et allongé.

Peintures murales

Des scènes, tant de la vie séculaire que religieuse, ornent les murs intérieurs des temples de Bangkok. Ces fresques, à vocation instructive, vont de la représentation des jataka (histoires des vies antérieures du Bouddha) au *Ramayana* (épopée de la mythologie hindoue).

Stupas

La présence du stupa (*chedi* en thaï) est un autre élément classique de l'architecture des temples thaïlandais qui peuvent en compter un ou plusieurs. Il s'agit d'un imposant monument en forme de montagne qui illustre la permanence du bouddhisme. Les stupas sont souvent censés renfermer des "reliques" du Bouddha historique.

☑ À savoir

- Dans de nombreux temples de Bangkok, le code vestimentaire est strict. Si vous portez un short ou une chemise sans manches, vous ne serez pas autorisé à entrer (concerne les hommes comme les femmes).
- Il faut retirer ses chaussures avant de pénétrer dans l'enceinte d'un *wát*

Wat Arun (p. 32)

Temples

Wat Phra Kaew L'ancêtre des temples de Bangkok abrite le Bouddha d'Émeraude. (p. 24)

Wat Pho Quiconque n'a pas vu le gigantesque bouddha couché de ce temple n'a pas vu Bangkok. (p. 28)

Wat Suthat Abrite un des plus gros bouddhas de Thaïlande et des fresques murales du sol au plafond tout aussi impressionnantes. (p. 46)

Wat Traimit Le temple du plus grand bouddha en or du monde. (p. 62)

Wat Arun Antérieur à Bangkok, c'est un des rares temples thaïlandais qu'il est possible d'escalader. (p. 32)

Mont d'Or et Wat Saket Temple accroché en haut d'une colline jouissant d'une vue imprenable sur le vieux Bangkok. (p. 46)

Wat Mangkon Kamalawat L'exemple type du temple chinois bondé, enfumé et bruyant. (p. 68)

Vaut le détour

Vous n'avez pas le temps de voir les plus célèbres temples de Thaïlande ? Songez alors à aller visiter leurs reproductions en taille réduite dans l'**Ancient City** (เมืองโบราณ Muang Boran ; www.ancientcity.com ; 296/1 Th Sukhumvit, Samut Prakan ; adulte/enfant 500/250 B ; ⌚8h-17h), qui passe pour le plus grand musée en plein air du monde.

Ancient City propose un service de navette gratuite depuis la station BTS Bearing, avec départ à 11h30 les mardis, jeudis et samedis.

Envie de...

Scène gay et lesbienne

Bangkok est réputée pour sa tolérance envers les homosexuels. Les boutiques, les restaurants et les clubs gays et lesbiens fleurissent à tous les coins de rue : on peut passer des jours dans la capitale sans sortir de lieux festifs et accueillants pour les LGBT.

LONELY PLANET / GETTY IMAGES ©

Lesbiennes

Ce serait trop dire que parler d'une scène lesbienne à Bangkok, mais il est vrai que depuis quelques années, les lesbiennes y sont beaucoup plus visibles. Il est à noter que, peut-être parce que la Thaïlande est encore un pays relativement conservateur, les lesbiennes de Bangkok suivent une répartition des rôles assez stricte. Ainsi, les lesbiennes "masculines" appelées *tom* ont généralement les cheveux courts, dissimulent leur poitrine et portent des vêtements masculins ; tandis que les lesbiennes "féminines" affichent leur féminité et se font appeler *dêe* (madame). Les lesbiennes de passage à Bangkok qui n'entrent pas dans ces catégories pourront se heurter à une certaine incompréhension.

Transsexuels

Bangkok est célèbre pour ses nombreux transsexuels qu'on appelle ici *gà·teu·i* (ou *kàthoey*). Certains sont des travestis, d'autres ont changé de sexe (la Thaïlande est l'un des premiers pays au monde pour cette opération). Ils fascinent les étrangers par leur allure réellement féminine et les cabarets proposant des spectacles de *gà·teu·i* font recette auprès des touristes.

☑ À savoir

- **Bangkok Lesbian** (www.bangkoklesbian.com). Le premier site Internet lesbien de Bangkok.
- **BK** (bk.asia-city.com) et **Siam2nite** (www.siam2nite.com) sont de bonnes sources sur les événements LGBT à Bangkok.
- La fête biannuelle organisée par **gCircuit** (www.gcircuit.com) constitue une bonne alternative à la Pride de Bangkok

Artistes de cabaret

Établissements gays et lesbiens

DJ Station Un des clubs gays les plus légendaires d'Asie. (p. 99)

Telephone Pub Bar de longue date et toujours aussi fréquenté, en plein quartier gay. (p. 98)

Maggie Choo's Le dimanche c'est soirée gay dans ce bar par ailleurs hétéro. (p. 110)

G Bangkok Une autre discothèque gay dans le vent. (p. 99)

Bearbie L'épicentre de la scène bear de Bangkok. (p. 99)

Balcony Bar de quartier qui attire la population locale et les touristes gays. (p. 98)

Playhouse Theater Cabaret Spectacles de transsexuels ouvertement kitsch. (p. 91)

Castro Le seul établissement gay de la RCA. (p. 117)

Vaut le détour

Le quartier autour de Lamsalee Intersection, en particulier Soi 89/2, Th Rakhamhaeng, est l'équivalent pour les gens du pays du bas de Th Silom ; un concentré de drôles de bars, discothèques et saunas qui changent de propriétaire et de nom du jour au lendemain. Pour y aller, prenez le MRT jusqu'à Phra Ram 9 (sortie 3) puis un taxi.

Envie de... Musique live

La musique est un ingrédient essentiel des nuits thaïlandaises, et presque tous les bars disposent d'un groupe maison. La plupart se contentent de proposer des reprises entraînantes de tubes internationaux, mais un nombre grandissant d'établissements accueillent des groupes et des spectacles plus originaux et inspirés.

LONELY PLANET / GETTY IMAGES ©

Scène musicale de Bangkok

Les familles aiment se restaurer sur fond de musique légère, genre groupe philippin avec un synthétiseur. On peut entendre la musique rock thaïlandaises baptisée *pleng pêu·a chee·wít* ("chansons pour la vie") dans des bars "country". Quelques bars accueillent des groupes de blues et de rock, mais ils sont peu nombreux à programmer des artistes indépendants. Dans un autre genre, de grands musiciens de jazz se produisent dans plusieurs bars d'hôtel.

Concerts

Titanium Concerts tous les soirs du groupe féminin Unicorn, dont les rythmes endiablés donnent envie de danser. (p. 132)

Brick Bar Petite salle de concerts légendaire pour la population locale, qui se retrouve souvent à danser sur les tables. (p. 54)

Living Room Concerts de jazz dans un cadre confortable. (p. 132)

Ad Here the 13th Petit bar de blues dans le quartier des voyageurs. (p. 56)

Raintree En périphérie, ce bar pittoresque est une référence en matière de musique folklorique thaïlandaise. (p. 95)

Saxophone Pub & Restaurant Une des salles de concerts les plus réputées de Bangkok. (p. 95)

Bamboo Bar Concerts de jazz dans un lieu qui a une histoire. (p. 112)

☑ À savoir

- Pour suivre l'actualité des concerts ayant lieu durant votre séjour, consultez les listes hebdomadaires publiées par **BK** (bk.asia-city.com), **Bangkok 101** (www.bangkok101.com), le supplément du vendredi du *Bangkok Post*'s, *Guru* ou **Siam2nite** (www.siam2nite.com/en).
- Pour les grands spectacles, notamment par des artistes internationaux, consultez **ThaiTicketMajor.com** (www.thaiticketmajor.com/index_eng.php).

Carnet pratique

Carnet pratique

Avant de partir

Climat

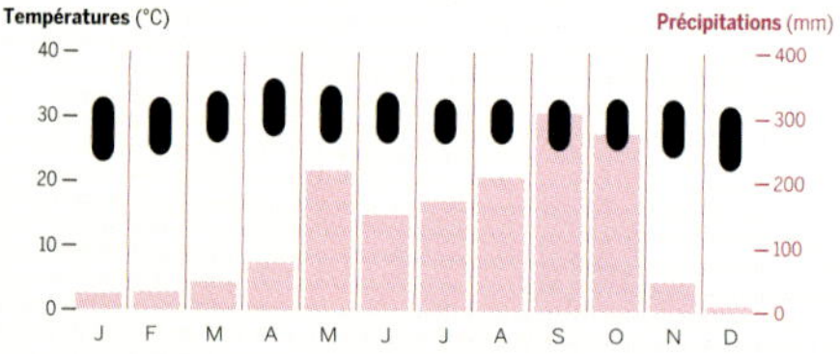

➡ Hiver (fin déc-début jan) C'est la période la plus douce de l'année mais aussi la plus touristique. En novembre et février, le temps est tout aussi clément et la ville a l'avantage d'être moins fréquentée.

➡ Saison humide (mai-oct) Pendant la mousson, Bangkok reçoit jusqu'à 300 mm de précipitations par mois. Les épisodes pluvieux sont généralement de courte durée et les touristes peu nombreux.

Réserver votre hébergement

☑ **À savoir** Les hébergements de Bangkok couvrent toutes les catégories, des auberges de jeunesse modernes aux hôtels, en passant par les maisons d'hôtes. Tous ces établissements affichent souvent un excellent rapport qualité/prix et la concurrence est si féroce qu'il est presque toujours possible d'obtenir une réduction supplémentaire.

Petits budgets

➡ Lub d (www.lubd.com). Auberge de jeunesse bien tenue, à l'ambiance jeune. Il en existe deux dans le centre de Bangkok.

➡ NapPark Hostel (www.nappark.com). Auberge de jeunesse aux dortoirs high-tech et qui met l'accent sur les activités.

➡ Sam Sen Sam Place (www.samsensam). Jolies chambres dans une vieille maison en bois au bord du fleuve.

➡ **Chern** (www.chernbangkok.com). Ancienne usine reconvertie en auberge de jeunesse moderne, comportant d'immenses chambres privatives.

Catégorie moyenne

➡ **Lamphu Treehouse** (www.lamphutreehotel.com). Tranquille et confortable, au bord d'un canal, en lisière extérieure du quartier des routards.

➡ **Phra-Nakorn Norn-Len** (www.phranakorn-nornlen.com). Ambiance joyeuse et bohème dans un quartier agréablement non touristique.

➡ **Smile Society** (www.smilesocietyhostel.com). Une shophouse de 4 étages, dans le "nouveau" Bangkok : chambres petites mais confortables, dortoirs, service attentionné et efficace.

➡ **Napa Place** (www.napaplace.com). Hôtel moderne, du genre appartement, avec de grands chambres et une ambiance chaleureuse.

➡ **Feung Nakorn Balcony** (www.feungnakorn.com). École reconvertie en hôtel avec 42 chambres lumineuses et gaies.

➡ **Glow Trinity Silom** (www.zinchospitality.com/glowbyzinc/silom). Hôtel raffiné à prix modéré.

Catégorie supérieure

➡ **Peninsula** (www.peninsula.com/bangkok). Souvent considéré comme l'un des premiers hôtels de luxe au monde.

➡ **AriyasomVilla** (www.ariyasom.com). Villa somptueusement restaurée avec une élégante ambiance de B&B.

➡ **Metropolitan by COMO** (www.comohotels.com/metropolitanbangkok). Hôtel sophistiqué et urbain dans le centre de la ville.

➡ **Mandarin Oriental** (www.mandarinoriental.com/bangkok). Cette institution de Bangkok conserve son charme depuis 135 ans.

Sites Web

Lonely Planet (www.hotels.lonelyplanet.com). Avis critiques et réservations d'hôtels.

Travelfish (www.travelfish.org). Informations touristiques et avis de consommateurs.

Agoda (www.agoda.com). Tarifs très compétitifs en réservant à l'avance.

Airbnb (www.airbnb.com). Oui, ça fonctionne à Bangkok.

Arriver à Bangkok

☑ **Bon à savoir** Pour accéder au mieux à votre hébergement, voir p 17.

Aéroport international de Suvarnabhumi

➡ Situé à 25 km à l'est de Bangkok, l'**aéroport international de Suvarnabhumi** (prononcer *su·wan·na·poum* ; BKK ; ☎ 0 2132 1888 ; www.suvarnabhumiairport.com), est accessible en taxi et en transport public, notamment par la ligne de train **Airport Rail Link** (www.bangkokairporttrain.com), en 30 à 45 minutes depuis le centre de la ville. Depuis l'aéroport, un trajet en taxi coûte environ 300 B.

➡ Le site non officiel fournit les horaires d'arrivée et de départ des vols en temps réel. Un service de consigne à bagages est disponible au niveau 2, à côté du très utile bureau du Tourism Authority of Thailand (TAT ; p. 178).

Aéroport international de Don Muang

➡ Ancien aéroport international de Bangkok, **Don Muang** (DMK ; ☎ 0 2535 1111 ; www.donmuangairportonline.com) est désormais l'aéroport low-cost de la ville, à environ 20 km au nord du centre. Les bus reliant Bangkok sont lents, et il vaut mieux privilégier le taxi ; la course jusqu'au centre-ville coûte environ 200 B.

Depuis la France

Les tarifs les plus avantageux pour un aller-retour avec escale se situent autour de 460 € ; pour un vol direct, sur la THAI ou Air France, comptez à partir de 650 €.

Air France (☎ 36 54, 0,34 €/min ; www.airfrance.fr)

Thai Airways International (☎ 01 55 68 80 00 ; www.thaiairways.fr)

Nouvelles Frontières (☎ 0 825 000 747 ; www.nouvelles-frontieres.fr)

Thomas Cook (☎ 0 826 826 777 ; www.thomascook.fr)

Voyages-SNCF (☎ 0 899 500 500, 1,35 € l'appel et 0,34 €/min ; www.voyages-sncf.com)

Depuis la Belgique

Comptez environ 650 € pour un aller-retour Bruxelles-Bangkok.

Airstop (☎ 070 233 188 ; www.airstop.be)

Connections (☎ 070 23 33 13 ; www.connections.be)

Gigatours Voyages Éole (☎ 070 22 44 32 ; www.voyageseole.be)

Depuis la Suisse

En réservant à l'avance, il existe des vols Genève-Bangkok à partir de 650 FS, avec escale.

STA Travel (☎ 058 450 49 49 ; www.statravel.ch)

Swiss (☎ 848 700 700 ; www.swiss.com)

Depuis le Canada

Les premiers prix pour un aller-retour Montréal-Bangkok, avec 2 escales, se situent autour de 1 300 $C.

Travel CUTS – Voyage Campus (☎ 800 667 2887 ; www.travelcuts.com)

➡ **Air Canada** (☎ 888 247 2262 ; www.aircanada.com)

Bus

➡ Les gares routières de Bangkok se situent à différentes extrémités de la ville. Pour rejoindre le centre-ville, le mieux reste le taxi.

➡ **Terminal Nord et Nord-Est** (Mo Chit ; ☎ bus vers le nord-est 0 2936 2852, poste 602/605, bus vers le nord 0 2936 2841, poste 325/614 ; Th Kamphaeng Phet ; **M** Kamphaeng Phet sortie 1 puis taxi, **S** Mo Chit sortie 3 puis taxi)

➡ **Terminal Est** (Ekamai ; plan p.120, G5 ; ☎ 0 2391 2504 ; Soi 40, Th Sukhumvit ; **S** Ekkamai sortie 2)

➡ **Terminal Sud** (Sai Tai Mai ; ☎ 0 2894 6122 ; Th Boromaratchachonanee)

Train

➡ La **gare de Hualamphong** (☎ 0 2220 4334, centre d'appels 1690 ; www.railway.co.th ; à hauteur de Th Phra Ram IV ; **M** Hua Lamphong sortie 2) est la principale gare ferroviaire de la ville. Le réseau ferré est relié au métro (MRT) à Hua Lamphong.

Comment circuler

Bateau

☑ **Idéal pour...** faire d'agréables sauts de puce entre les différents sites de Banglamphu, Ko Ratanakosin et certains secteurs de Silom.

➡ Le **Chao Phraya Express** (☎ 0 2623 6001 ; www.chaophrayaexpressboat.com) fonctionne de 6h à 22h. Les billets (10-40 B) s'achètent sur le quai ou à bord. Conservez votre billet comme preuve d'achat. Les bateaux express (signalés par un drapeau jaune ou rouge et orange) circulent aux heures de pointe en semaine et ne marquent pas tous les arrêts. Un bateau touristique signalé par un drapeau bleu relie Asiatique ou Tha Sathon/Central Pier à Tha Phra Athit/Banglamphu en s'arrêtant aux débarcadères des grands sites (le commentaire en anglais est à peine compréhensible).

➡ Des bacs (3 B) relient les deux rives du fleuve et circulent régulièrement de 6h à 21h environ.

Des bateaux-bus appelés *khlong* (ou *klorng boats*) sillonnent le Khlong Saen Saeb (Banglamphu à Ramkhamhaeng). Ils permettent de gagner facilement Banglamphu, la maison de Jim Thompson, les centres commerciaux de Siam Sq et d'autres sites plus à l'est le long de Th Sukhumvit – après avoir changé de bateau à Pratunam Pier. Ces bateaux sont principalement utilisés par la population locale et ne s'arrêtent que quelques secondes (dépêchez-vous de monter à bord si vous ne voulez pas rester sur le quai). Ils circulent entre 5h30 et 20h30 du lundi au vendredi, et de 6h à 19h15 le week-end, et coûtent entre 10 B et 20 B.

BTS et MRT

☑ **Idéal pour...** relier différents quartiers du centre de Bangkok et circuler aux heures de pointe.

➡ Le métro aérien **BTS** (☎ 0 2617 7300, infos touristiques 0 2617 7340 ; www.bts.co.th), également appelé Skytrain, a révolutionné les transports dans les nouveaux quartiers de Bangkok (Silom, Sukhumvit et Siam Sq). Les lignes se croisent à la station de Siam, et les rames circulent régulièrement entre 6h et minuit (ticket 15-22 B). La plupart des machines automatiques n'acceptent que les pièces, mais on peut faire la monnaie aux guichets d'information.

Pass journaliers

Le BTS et le MRT proposent des pass journaliers (130 B) pour un nombre illimité de trajets.

➡ Le **MRT** (www.bangkokmetro.co.th) est le métro de Bangkok (6h-minuit ; billet 16-40 B). Il permet de relier les quartiers de Sukhumvit ou Silom à Chinatown ou la gare de Hualamphong. Il circule de 6h à minuit et le billet coûte entre 16 B et 40 B.

Bus

☑ **Idéal pour...** se rendre à Banglamphu, Dusit et d'autres quartiers non desservis par le BTS ou le MRT.

Les bus publics de Bangkok sont gérés par la **Bangkok Mass Transit Authority** (☎ 0 2246 0973 ;

www.bmta.co.th). Le trajet coûte entre 11 B et 30 B en bus climatisé et entre 7 B et 8 B en bus ventilé. Le réseau fonctionne entre 5h et 22h ou 23h. Comme ils sont tributaires de la circulation et que les itinéraires ne sont pas toujours clairs, le taxi est souvent une solution plus sûre (et pas beaucoup plus onéreuse).

Moto-taxi

☑ **Idéal pour...** arriver à destination aux heures de pointe.

➡ Les motos-taxis (appelés *motorsai*) défient le temps pour vous transporter. Ils font partie intégrante du réseau de transports publics de Bangkok. Ils sont généralement stationnés à l'angle d'une grosse artère comme Th Sukhumvit, et peuvent vous amener au bout d'un *soi*. Les motards portent des vestes colorées et numérotées et facturent entre 10 B et 20 B la course (sans casque, sauf si vous en faites la demande). Le tarif peut atteindre 150 B si vous avez besoin de traverser la ville (le prix est négociable).

Taxi

☑ **Idéal pour...** circuler d'un endroit à un autre de la ville en dehors des heures de pointe.

➡ Ils sont un bon moyen de transport ; les véhicules sont souvent neufs et les chauffeurs aimables.

➡ Tous les taxis officiels sont équipés d'un compteur. Comptez 35 B pour la prise en charge, et entre 60 B et 90 B les courses dans le centre de Bangkok. Les péages (25-60 B) sont à la charge du passager.

➡ **Radio-Taxi** (✆1681 ; www.taxiradio.co.th) et autres services de taxi par téléphone, joignables 24h/24, coûtent 20 B en plus du tarif au compteur ; Uber, GrabTaxi et autres services similaires sont de plus en plus courants.

Túk-Túk

☑ **Idéal pour...** de courts trajets.

➡ Les touristes se font piéger par ces véhicules à trois roues qui les conduiront chez un tailleur ou un bijoutier hors de prix, faisant fi de la destination fixée au départ. Refusez d'entrer dans une boutique non prévue et déclinez toute visite touristique à 10 B.

Infos pratiques

Ambassades et consulats

Ambassades et consulats thaïlandais

Le site Internet www.thaiembassy.org liste des liens vers les missions diplomatiques thaïlandaises à l'étranger.

Belgique (✆640 68 10 ; www.thaiembassy.be)

Canada (✆613 722 4444 ; www.thaiembassy.ca)

France (✆01 56 26 50 50 ; www.thaiembassy.fr/fr)

Suisse (✆031-970 30 30 ; thaiembassybern.org/en/index.php)

Ambassades et consulats en Thaïlande

Canada (✆0 2636 0540 ; www.thailand.gc.ca ; 15e ét., Abdulrahim Bldg, 990 Th Phra Ram IV)

Belgique (✆0 2108 1801 ; www.diplomatie.be/bangkokfr ; 16/F Sathorn Square, 98 North Sathorn Road, Silom Sub-District, Bangrak District)

France (✆0 2657 5100 ; www.ambafrance-th.org ; 35 Soi 36, Th Charoen Krung)

Suisse (✆0 2674 6900 ; www.eda.admin.ch/bangkok ; 35 Th Withayu/Wireless Rd, Bangkok).

Argent

☑ **À savoir** Le pourboire ne fait pas partie de la culture thaïlandaise. Il est apprécié dans les hôtels et les restaurants huppés.

Monnaie

➡ L'unité monétaire est le baht (B), divisé en 100 satangs.

➡ Il existe des pièces de 25 satangs, 50 satangs, 1 B, 2 B, 5 B et 10 B.

➡ On trouve des billets de 20 B (verts), 50 B (bleus), 100 B (rouges), 500 B (violets) et 1 000 B (beiges).

DAB

☑ **À savoir** Il y a des distributeurs partout à Bangkok.

➡ Les distributeurs acceptent les principales cartes bancaires internationales (on peut retirer jusqu'à 20 000 B par jour).

Cartes de crédit

➡ Les cartes bancaires(notamment Visa, MasterCard) sont acceptées dans la plupart des magasins, hôtels et restaurants.

Change

➡ Les banques et les changeurs officiels offrent le meilleur taux.

➡ Les dollars américains et les euros sont les monnaies les plus largement acceptées. Les chèques de voyage bénéficient de meilleurs taux que les espèces.

Électricité

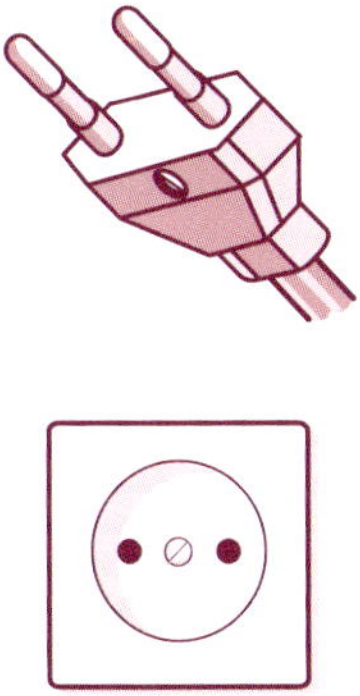

220 V/50 Hz

220 V/50 Hz

Formalités et visas

➡ Le **ministère des Affaires étrangères** (www.mfa.go.th) de Thaïlande s'occupe des questions d'immigration et des visas. Ces cinq dernières années, de nouvelles règles en matière de visa et de prorogation ont été établies ; consulter le site **Thaivisa** (www.thaivisa.com) pour plus de détails.

➡ Les ressortissants français, belges, suisses et canadiens peuvent entrer en Thaïlande gratuitement. Ils doivent être porteurs d'un passeport en cours de validité (au moins 6 mois après la date de retour). Ces ressortissants reçoivent une exemption de visa de 30 jours s'ils arrivent par avion, ou de 15 jours s'ils arrivent par voie terrestre.

Handicapés

➡ Avec ses trottoirs hauts et inégaux et sa circulation incessante, Bangkok présente beaucoup d'obstacles pour les personnes à mobilité réduite. Il faut emprunter des passerelles piétonnes accessibles via des escaliers escarpés pour traverser de nombreuses rues. Les bus et les bateaux ne s'arrêtent pas assez longtemps pour permettre de monter à bord. En dehors de quelques stations de métro, les rampes et autres points d'accès pour fauteuils roulants sont rares.

➡ Quelques hôtels haut de gamme se montrent très attentifs aux besoins des personnes handicapées, mais globalement, les visiteurs à mobilité réduite sont livrés à eux-mêmes dans la capitale thaïlandaise.

➡ Ces entreprises et sites Internet peuvent se révéler utiles : **Asia Pacific Development Centre on Disability** (www.apcdfoundation.org), **Society for Accessible Travel & Hospitality** (SATH ; www.sath.org), et **Wheelchair Holidays @ Thailand** (www.wheelchairtours.com).

Heures d'ouverture

☑ **À savoir** La plupart des banques de Bangkok ferment à 15h30, sauf celles qui sont dans des centres commerciaux et des zones touristiques qui restent ouvertes plus tard (généralement jusqu'à 20h) y compris le week-end.

Banques 9h30-15h30 lundi-vendredi.

Bars et discothèques Jusqu'à minuit ou 1h ; dans certains quartiers animés, ils ferment à 2h.

Restaurants Les restaurants thaïlandais de quartier ont un service continu (10h-20h ou 21h), tandis que les établissements plus chics ouvrent pour le déjeuner (11h-14h environ) puis pour le dîner (18h-22h).

Magasins Grands magasins : 10h-19h ; centres commerciaux 10h-22h.

Jours fériés

Les administrations et les banques ferment les jours fériés. Les dates des fêtes du calendrier varient chaque année. Pour les connaître, consultez le site de l'Office du tourisme de Thaïlande (TAT) : www.tourismthailand.org/See-and-Do/Events-and-Festivals.

1er Janvier Nouvel An

Février (calendrier lunaire) Makha Bucha, fête bouddhique

6 avril Jour des Chakri, fête de la dynastie Chakri

13-15 avril Songkran, Nouvel An thaïlandais et fête de l'eau

1er mai Fête du Travail

5 mai Jour du couronnement, ommémore le couronnement du roi et de la reine actuels en 1946

Mai/juin (calendrier lunaire) Visakha Bucha, jour sacré bouddhique

Juillet (calendrier lunaire) Asanha Bucha, début de la retraite des bouddhistes dans leur monastère

12 août Anniversaire de la reine/fête des Mères

23 octobre Jour de Chulalongkorn

Octobre/novembre (calendrier lunaire) Ork Phansa, fin de la retraite des bouddhistes

5 décembre Anniversaire du roi/fête des Pères

10 décembre Jour de la Constitution

31 décembre Réveillon du Nouvel An

Offices du tourisme

Bangkok dispose de deux offices du tourisme officiels : la Tourism Authority of Thailand (TAT), qui dispose d'informations sur tout le pays, et le Bangkok Information Center pour la capitale.

Bangkok Information Center (Plan p. 34, C1 ; ☎ 0 2225 7612-4 ; www.bangkoktourist.com ; 17/1 Th Phra Athit ; 🕘 9h-19h lun-ven, 9h-17h sam-dim ; ⛴ Tha Phra Athit (Banglamphu). Fournit cartes, brochures et renseignements. Guichets d'information un peu partout en ville (enseigne verte et blanche représentant un éléphant et un cornac).

Tourism Authority of Thailand (TAT ; ☎ 1672 ; www.tourismthailand.org) a des bureaux à Banglamphu (☎ 0 2283 1500 ; angle Th Ratchadamnoen Nok et Th Chakrapatdipong ; 🕘 8h30-16h30 ; ⛴ bateau-bus jusqu'à Phanfa Leelard Pier) et à l'aéroport international de Suvarnabhumi (☎ 0 2134 0040 ; 2e ét., entre portes 2 et 5 ; 🕘 24h/24).

Sécurité

Bangkok est une ville globalement sûre et la violence envers les touristes est rare. Certaines escroqueries sont bien connues et sont détaillées ci-dessous.

Précis de savoir-vivre

- Ne jamais critiquer la famille royale thaïlandaise.
- S'habiller décemment pour visiter les bâtiments royaux et les temples.
- Ne pas garder ses chaussures à l'intérieur des temples.
- Éviter d'entrer en conflit ou de hausser le ton avec la population locale.
- Ne pas toucher la tête d'une autre personne.

➡ **Arnaque aux bijoux** Nous vous déconseillons d'acheter des pierres en Thaïlande. Vous risquez de payer un prix exorbitant pour de la verroterie.

➡ **Fermé aujourd'hui** Ne prêtez pas attention aux individus vous informant qu'un site est fermé. Il s'agit d'un piège pour vous emmener chez un faux bijoutier.

➡ **Tour en túk-túk à 10 B** Ces prétendus "circuits touristiques" contournent en fait tous les sites intéressants pour faire la tournée de bijoutiers et autres tailleurs véreux.

➡ **Course de taxi au forfait** Refusez toute course au forfait (généralement entre 100 B et 150 B pour une destination dans le centre-ville, soit trois fois plus cher que le tarif au compteur). En vous éloignant des zones touristiques, vous aurez plus de chance de trouver un chauffeur honnête.

➡ **Gentils étrangers** Méfiez-vous des individus élégants et bien élevés qui vous abordent en vous demandant d'où vous venez, puis vous disent que leur enfant étudie précisément dans l'université de votre ville. Ce comportement doit immédiatement éveiller les soupçons.

Téléphone

Téléphones portables

- La plupart des téléphones GSM fonctionnent en roaming en Thaïlande, mais il est plus avantageux d'acheter une carte SIM locale.
- Si votre téléphone est bloqué, allez au MBK

Center (p. 91) le faire débloquer ou en acheter un neuf ou d'occasion (vous en trouverez à moins de 2 000 B).

➡ On trouve des cartes SIM prépayées dans la plupart des supermarchés. La chaîne 7-Eleven notamment propose des prix très compétitifs (autour de 49 B) ; consultez le site Internet au préalable. Certaines cartes, plus onéreuses, sont vendues avec un crédit de communication. Si ce n'est pas le cas, il suffit d'acheter des cartes pour recharger son crédit dans les mêmes magasins (à partir de 10 B).

Appeler en Thaïlande et à l'étranger

➡ À l'intérieur de la Thaïlande, il faut taper le code d'accès où que vous soyez. Tous les numéros comportent donc 9 chiffres. À Bangkok, ils commencent par ☎02 et sont suivis de 7 chiffres.

➡ Pour appeler la Thaïlande depuis l'étranger, composez le code d'accès international (☎00 depuis la France, la Belgique ou la Suisse ; ☎011 depuis le Canada), suivi du ☎66 (indicatif de la Thaïlande), puis du numéro souhaité.

➡ Pour appeler l'étranger depuis la Thaïlande, composez le ☎001 suivi de l'indicatif du pays (☎33 France, ☎32 Belgique, ☎41 Suisse, ☎1 Canada), suivi du numéro de votre correspondant sans le 0 initial. Ces communications coûtent cher. De nombreux autres préfixes permettent de bénéficier de tarifs plus avantageux, comme ☎007, ☎008 et ☎009, en fonction du téléphone que vous utilisez. Si vous achetez une carte SIM locale, le fournisseur vous dira quel préfixe composer.

Numéros utiles

Indicatif de la Thaïlande ☎66

Indicatif de Bangkok ☎02

Préfixes des téléphones portables ☎06, ☎08, ☎09

Opérateur international ☎100

Renseignements locaux ☎1133

Toilettes

☑ **À savoir** Le papier-toilette est rarement fourni ; mieux vaut avoir un peu de papier ou des lingettes sur soi.

➡ Vous trouverez des toilettes dans tous les centres commerciaux, hôtels et fast-foods. Dans les centres commerciaux, comptez 3 B.

Urgences

☑ **À savoir** Il existe en Thaïlande un numéro d'appel pour les urgences médicales (☎191), mais il vaut souvent mieux appeler directement un hôpital pour qu'il envoie une ambulance.

➡ **Police touristique** (☎24h/24 1155) La meilleure façon de gérer les problèmes nécessitant l'intervention de la police (escroquerie ou vol) consiste à appeler la police touristique, qui parle généralement anglais, est habituée à traiter avec des étrangers et peut être très utile en cas d'arrestation.

Langue

En thaï, la signification d'une simple syllabe peut changer selon le ton. Le thaï en comprend cinq : grave (*bàht*), médian (*dee*), descendant (*mâi*), aigu (*máh*) et ascendant (*săhm*). La hauteur de chaque ton varie en fonction du locuteur, et la langue n'a donc pas d'"étendue" fixe.

En lisant les prononciations telles que nous les avons écrites ci-dessous, vous devriez vous faire comprendre. Le trait d'union marque une rupture de syllabe ; certaines syllabes sont séparées par un point afin de faciliter la prononciation des diphtongues, comme dans *mêu·a-rai*. Notez que le **ɓ** est un p dur proche du b qui ressemble au son que l'on fait quand on prononce le mot anglais "hip-bag" ; le **đ** est un t dur comme un d aigu, comme dans le mot anglais "mid-tone" ; le **ng** se prononce comme dans l'anglais "singing", mais en thaï, il peut se rencontrer en début de mot ; enfin, le **r** se prononce comme dans l'anglais "run" (un r roulé qui se prononce l dans le langage courant).

Indispensable pour communiquer sur place : le *Guide de conversation Thaï* publié par Lonely Planet.

Expressions de base

Bonjour.	สวัสดี	sà-wàt-di
Au revoir.	ลาก่อน	lah gòrn
Oui./Non.	ใช่/ไม่	châi/mâi
S'il vous plaît.	ขอ	kŏr
Merci.	ขอบคุณ	kòrp kun
De rien.	ยินดี	yin di
Excusez-moi.	ขออภัย	kŏr à-pai
Pardon.	ขอโทษ	kŏr tôht

Comment allez-vous ?
สบายดีไหม — sà-bai di măi

Je vais bien. Et vous ?
สบายดีครับ/ค่า แล้วคุณล่ะ — sà-bai di kráp/kâ láa·ou kun lâ (m/f)

Parlez-vous anglais ?
คุณพูดภาษาอังกฤษได้ไหม — kun pôot pah-săh ang-grìt dâi măi

Je ne comprends pas.
ผม/ดิฉันไม่เข้าใจ — pŏm/dì-chăn mâi kôw jai (m/f)

Au restaurant

La carte, s'il vous plaît.
ขอ (รายการอาหาร) หน่อย — kŏr (rai gahn ah-hăhn) nòy

Je ne mange pas de ...
ผม/ดิฉันไม่กิน ... — pŏm/dì-chăn mâi gin ... (m/f)

œufs	ไข่	kài
poisson	ปลา	ɓlah
viande rouge	เนื้อแดง	néu·a daang
fruits secs	ถั่ว	tòo·a

C'était délicieux !
อร่อยมาก — à-ròy mâhk

À la vôtre !
ไชโย — chai-yoh

L'addition, s'il vous plaît.
ขอบิลหน่อย — kŏr bin nòy

café	ร้านกาแฟ	ráhn gah-faa
marché	ตลาด	đà-làht
restaurant	ร้านอาหาร	ráhn ah-hăhn
végétarien	คนกินเจ	kon gin jair

Viande et poisson

bœuf	เนื้อ	néu·a
calmar	ปลาหมึก	ɓlah mèuk
canard	เป็ด	ɓèt
crabe	ปู	ɓou
fruits de mer	อาหารทะเล	ah-hăhn tá-lair
poisson	ปลา	ɓlah
porc	หมู	mŏo
poulet	ไก่	gài
viande	เนื้อ	néu·a

Fruits et légumes

aubergine	มะเขือ	má-kĕu·a
banane	กล้วย	glôo·ay
champignons	เห็ด	hèt
citron	มะนาว	má-now
fruit	ผลไม้	pŏn-lá-mái
fruits secs	ถั่ว	tòo·a
goyave	ฝรั่ง	fa-ràng
haricots	ถั่ว	tòo·a
légumes	ผัก	pàk
mangouste	มังคุด	mang-kút
mangue	มะม่วง	má-môo·ang
noix de coco	มะพร้าว	má-prów
papaye	มะละกอ	má-lá-gor
pastèque	แตงโม	đaang moh
pommes de terre	มันฝรั่ง	man fa-ràng
ramboutan	เงาะ	ngó
tamarin	มะขาม	má-kăhm
tomates	มะเขือเทศ	má-kĕu·a têt

Boissons

bière	เบียร์	bee·a
café	กาแฟ	gah-faa
eau	น้ำดื่ม	nám dèum
jus de canne à sucre	น้ำอ้อย	nám ôy
jus d'orange	น้ำส้ม	nám sôm
lait	นมจืด	nom jèut
lait de soja	น้ำเต้าหู้	nám đôw hôo
thé	ชา	chah

Autres

nouilles	เส้น	sên
œuf	ไข่	kài
piment	พริก	prík
poivre	พริกไทย	prík tai
riz	ข้าว	kôw
salade	ผักสด	pàk sòt
sauce de soja	น้ำซีอิ้ว	nám see-éw
sauce de poisson	น้ำปลา	nám ɓlah
sel	เกลือ	gleu·a
soupe	น้ำซุป	nám súp
sucre	น้ำตาล	nám đahn
tofu	เต้าหู้	đôw hôo

Achats

J'aimerais acheter ...
อยากจะซื้อ ... yàhk jà séu ...

Combien ça coûte ?
เท่าไร tôw-rai

C'est trop cher.

แพงไป	paang ɓai

Pouvez-vous baisser le prix ?

ลดราคาได้ไหม	lót rah-kah dâi măi

Il y a une erreur dans l'addition.

บิลใบนี้ผิด	bin bai née pìt ná
นะครับ/ค่ะ	kráp/kâ (m/f)

Heures et chiffres

Quelle heure est-il ?

กี่โมงแล้ว	gèe mohng láa·ou

matin	เช้า	chów
après-midi	บ่าย	bài
soir	เย็น	yen
hier	เมื่อวาน	mêu·a wahn
aujourd'hui	วันนี้	wan née
demain	พรุ่งนี้	prûng née
lundi	วันจันทร์	wan jan
mardi	วันอังคาร	wan ang-kahn
mercredi	วันพุธ	wan pút
jeudi	วันพฤหัสฯ	wan pá-réu-hàt
vendredi	วันศุกร	wan sùk
samedi	วันเสาร์	wan sŏw
dimanche	วันอาทิตย์	wan ah-tít

1	หนึ่ง	nèung
2	สอง	sŏrng
3	สาม	săhm
4	สี่	sèe
5	ห้า	hâh
6	หก	hòk
7	เจ็ด	jèt
8	แปด	ɓàat
9	เก้า	gôw
10	สิบ	sìp
20	ยี่สิบ	yêe-sìp
21	ยี่สิบเอ็ด	yêe-sìp-èt
30	สามสิบ	săhm-sìp
40	สี่สิบ	sèe-sìp
50	ห้าสิบ	hâh-sìp
60	หกสิบ	hòk-sìp
70	เจ็ดสิบ	jèt-sìp
80	แปดสิบ	ɓàat-sìp
90	เก้าสิบ	gôw-sìp
100	หนึ่งร้อย	nèung róy
1 000	หนึ่งพัน	nèung pan
1 000 000	หนึ่งล้าน	nèung láhn

Transports et orientation

Où est ...?

... อยู่ที่ไหน	... yòo têe năi

Quelle est l'adresse ?

ที่อยู่คืออะไร	têe yòo keu à-rai

Pouvez-vous me montrer (sur la carte) ?

ให้ดู (ในแผนที่) ได้ไหม	hâi dou (nai păan têe) dâi măi

Tournez à gauche/droite.

เลี้ยวซ้าย/ขวา	lée·o sái/kwăh

pousse-pousse	สามล้อ	săhm lór
bateau	เรือ	reu·a
bus	รถเมล์	rót mair
voiture	รถเก๋ง	rót gĕng
moto	มอร์เตอร์ไซค์	mor-đeu-sai
taxi	รับจ้าง	ráp jâhng
avion	เครื่องบิน	krêu·ang bin
train	รถไฟ	rót fai
túk-túk	ตุ๊ก ๆ	đúk đúk

À quelle heure est le premier bus ?
รถเมล์คันแรก มาเมื่อไร — rót mair kan râak mah mêu·a rai

Un billet (aller/aller-retour), s'il vous plaît.
ขอตั๋ว (เที่ยวเดียว/ไปกลับ). — kŏr đŏo·a (têe·o dee·o/ɓai glàp)

À quelle heure arrive-t-il à ... ?
ถึง ... กี่โมง — tĕung ... gèe mohng

S'arrête-t-il à... ?
รถจอดที่ ... ไหม — rót jòrt têe ... măi

J'aimerais descendre à ...
ขอลงที่ ... — kŏr long têe ...

Urgences

Au secours !
ช่วยด้วย — chôo·ay dôo·ay

Allez-vous-en !
ไปให้พ้น — ɓai hâi pón

Appelez un médecin !
เรียกหมอหน่อย — rêe·ak mŏr nòy

Appelez la police !
เรียกตำรวจหน่อย — rêe·ak đam·ròo·at nòy

Je suis malade.
ผม/ดิฉัน ป่วย — pŏm/dì-chăn ɓòo·ay (m/f)

Je suis perdu(e).
ผม/ดิฉัน หลงทาง — pŏm/dì-chăn lŏng tahng (m/f)

Où sont les toilettes ?
ห้องน้ำอยู่ที่ไหน — hôrng nám yòo têe nă

En coulisses

Vos réactions ?

Vos commentaires nous sont très précieux pour améliorer nos guides. Notre équipe lit vos lettres avec la plus grande attention et prend en compte vos remarques pour les prochaines mises à jour. Pour nous faire part de vos réactions, consultez notre site Web : **www.lonelyplanet.fr**

Nous reprenons parfois des extraits de notre courrier pour les publier dans nos guides ou sites web. Si vous ne souhaitez pas que vos commentaires soient repris ou que votre nom apparaisse, merci de nous le préciser. Notre politique en matière de confidentialité est disponible sur notre site Internet.

Un mot de l'auteur

Un grand merci à Sarah Reid et à Diana Von Holdt, ainsi qu'à toutes les personnes rencontrées à Bangkok.

Crédits photographiques

Photographie de couverture : Wat Arun, Bangkok, Jon Arnold/AWL

À propos de cet ouvrage

Cette 3e édition française de *Bangkok en quelques jours* est une traduction-adaptation de la 5e édition de *Pocket Bangkok*, commandée par le bureau de Melbourne et mise à jour par Austin Bush.

Traduction Thérèse de Chérisey

Direction éditoriale Didier Férat

Coordination éditoriale Sophie Senart

Responsable prépresse Jean-Noël Doan

Maquette Eduardo Yanes Blanch

Cartographie Cartes originales adaptées en français par Nicolas Chauveau

Couverture Adaptée en français par Annabelle Henry

Merci à Christiane Mouttet pour sa relecture attentive du texte ; une pensée pour Françoise Blondel qui a relut l'édition précédente.

Index

Voir aussi les index des rubriques:

Se restaurer p. 188
Prendre un verre p. 189
Sortir p. 189
Shopping p. 190

Référence des **sites**
Référence des **cartes**

Référence des **sites**
Référence des **cartes**

Se restaurer

Prendre un verre

Sortir

Shopping

Référence des **sites**
Référence des **cartes**

L'auteur

Austin Bush

Austin Bush est arrivé en Thaïlande en 1999 avec une bourse pour étudier le thaï à l'université de Chiang Mai. La vie citadine, le travail et la cuisine épicée n'ont pas tardé à l'attirer à Bangkok, qu'il n'a plus quittée depuis. Originaire de l'Oregon (États-Unis), auteur et photographe, Austin s'intéresse particulièrement à la cuisine et publie une partie de son travail sur www.austinbushphotography.com.

Bangkok en quelques jours
3e édition
Traduit et adapté de l'ouvrage *Pocket Bangkok, 5th edition, June 2015*

Dépôt légal Septembre 2015
ISBN 978-2-81614-852-7/02
Imprimé par L.E.G.O. Spa (Legatoria Editoriale Giovanni Olivotto), Italie

En Voyage Éditions | un département place des éditeurs

MIXTE
Issu de sources responsables
FSC www.fsc.org FSC® C003309